AMA DEUS

Ursprünglich erschienen 1983 unter dem Titel
Die neun Unbekannten
Verlag Arthur Moewig GmbH, Rastatt

Copyright © 1981 by Walter Ernsting
Copyright © 2000 by
AMA DEUS - Verlag
Postfach 63
74576 Fichtenau

Druck: Ebner-Ulm
Umschlaggestaltung und Satz: Jan Udo Holey

ISBN 3-9805733-6-2

WALTER ERNSTING

DIE UNTERIRDISCHE MACHT

ROMAN

DIE VORZEICHEN

Wenn ich heute die nachfolgenden Aufzeichnungen einem Mann übergebe, der das Schreiben von Berufs wegen gewohnt ist, so geschieht das aus verschiedenen Gründen, die erst dann klar ersichtlich werden, wenn der Leser das Buch aus der Hand legt.

Wenigstens hoffe ich, daß es ein Buch wird, ein Roman. Es muß möglich sein, meine Notizen und Erinnerungen zu ordnen und in eine Form zu bringen, die lesbar ist. Ich selbst weiß nicht, wann ich dieses Buch zu Gesicht bekommen werde, vielleicht in fünf Jahren, vielleicht gar nicht. Das hängt von vielen Umständen ab.

Alles begann vor ziemlich langer Zeit, als ich noch mühsam versuchte, mir meinen Lebensunterhalt durch Zeitungsartikel und Berichte zu verdienen. Ich schrieb sogar ein paar unbedeutende Romane, aber in den vielen Jahren, die seitdem vergangen sind, hat sich manches geändert, so auch die Art des Schreibens, der Stil. Das ist ebenfalls einer der Gründe, warum ich mein Manuskript einem Mann übergebe, der sich mit diesen literarischen Neuerungen auskennt.

Doch wie gesagt: es begann alles vor ziemlich langer Zeit.

Ganz sicher war ich damals meiner Sache nicht, aber wenn mich nicht alles täuschte, hatte ich seit Tagen oder gar Wochen das, was man allgemein einen „Schatten" nennt. Da ich am Rand eines kleinen Dorfes in Bayern lebte und die wenigsten Einwohner persönlich kannte, war es durchaus möglich, daß ich mich irrte. Man sah immer wieder dieselben Autos und dieselben Menschen, ohne Kontakt zu bekommen. Ich legte auch keinen besonderen Wert darauf, denn mir fehlte die Zeit, die freien Abende mit fruchtlosen Unterhaltungen zu vergeuden. Dabei bin ich damals alles andere als ein Eigenbrötler gewesen.

Die Dorfstraße, die an meinem Haus vorbeiführte, endete auf dem Berg, an dessen Südhang ich wohnte. Kein Wunder also, daß ich immer wieder fremde Autos sah, die Besucher aus allen Teilen der Welt hierher brachten. Das Fenster meines Arbeitszimmers führte hinaus zu dieser trotzdem wenig befahrenen Straße, und ich sah unwillkürlich hinaus, wenn ich das Motorengeräusch eines Wagens hörte.

Und dann fiel mir auf, daß drei Tage lang ein Opel mit dem polizeilichen Kennzeichen „M–" gegenüber von meinem Haus anhielt, immer für eine gute halbe Stunde, obwohl die Straße an dieser Stelle weder breit noch übersichtlich war.

Anfangs hegte ich keinen Argwohn, denn viele Fremde fanden sich im Dorf nicht zurecht und fragten die Einwohner nach dem rechten Weg. Der Fahrer des Opels stieg jedoch nie aus, um jemand zu fragen. Er blieb im Wagen sitzen und betrachtete die Landschaft, blickte hinüber zum Massiv des Watzmann, zum Untersberg – und manchmal, so schien mir, sah er herüber zu mir.

Am vierten Tag wartete ich auf den geheimnisvollen Opel, aber er kam nicht. Er tauchte überhaupt nicht wieder auf. Ich konnte jedoch nicht verhindern, daß ich von nun an öfter als zuvor aus dem Fenster sah, ohne allerdings etwas Verdächtiges zu bemerken.

Ausgerechnet in diesen Tagen schickte mir ein Kollege aus Wien einen Artikel über die „men in black" zu, der meine Phantasie erneut anregte. Niemand wußte, ob es diese geheimnisvollen „Männer in Schwarz" überhaupt gab, aber wenn Gerd recht hatte, dann tauchten sie immer dort auf, wo wichtige Entscheidungen gefällt werden.

Unbekannte, die den Lauf der Weltpolitik beeinflußten?

„Das ist doch blanker Unsinn!" belehrte mich mein Freund Walter aus Salzburg, als ich ihm den Artikel zu lesen gab. „Diese Männer in Schwarz existieren nur in der Phantasie einiger Leute, die mit ihrer Zeit nichts Besseres anzufangen wissen, als Märchen in die Welt zu setzen. Du glaubst das doch nicht etwa?"

„Natürlich nicht", beeilte ich mich zu versichern und erzählte ihm die Geschichte mit dem Opel, um das Thema zu wechseln. „Komisch, findest du nicht auch?"

„Das kann Zufall sein. Wer sollte schon was von dir wollen?"

Das allerdings fragte ich mich auch.

Am nächsten Tag hielt ein Jaguar mit schweizerischem Kennzeichen an genau der gleichen Stelle auf der anderen Seite der Straße. Eine junge Frau stieg aus und betrachtete mit einem Feldstecher den mit Wolken verhangenen Watzmann. Ich ließ alles stehen und liegen, rannte die Treppe hinab und schlenderte dann betont gemütlich um die Hausecke, überquerte die Wiese und näherte mich mit harmlosem Lächeln der jungen Frau, die neben ihrem Wagen stand.

„Eine wunderbare Aussicht", sagte ich und blieb stehen.

Sie tat überrascht und ließ ihr Glas sinken.

„In der Tat", gab sie ohne Schweizer Akzent zu. „Der Watzmann, wenn ich nicht irre."

„Wenn Sie ein Stück weiterfahren, bergauf, meine ich, können Sie ihn besser sehen."

„Ach ja? Vielen Dank für den Tip, ich wollte nämlich ein paar Aufnahmen machen."

Ich nickte ihr freundlich zu und kehrte in den Garten zurück. Noch bevor ich um die Hausecke biegen konnte, saß sie in ihrem Wagen, ließ den Motor an und fuhr weg. Nicht bergauf, sondern zurück ins Dorf und zur Hauptstraße.

Ich sah weder sie noch den Wagen wieder.

Am nächsten Tag kam niemand, um die Landschaft zu bewundern, aber als ich nachts von Motorengeräusch geweckt wurde, quälte ich mich wider jede Vernunft aus dem Bett und spähte durch den Vorhang.

Tatsächlich! An der Engstelle stand ein Wagen. Das kleine Licht brannte. Der Fahrer oder sonstige Insassen waren nicht zu erkennen. Nachts war es doppelt seltsam, daß an dieser Stelle ein Wagen parkte, und dann auch noch mit laufendem Motor.

Ich unterdrückte das Verlangen, mich anzuziehen und hinauszugehen. Außerdem bin ich alles andere als ein tapferer Held. Während ich ins Bett zurückkehrte, verstärkte sich das Motorengeräusch. Der Wagen fuhr weg.

Ich konnte nicht sofort einschlafen. Wer konnte ein Interesse daran haben, mich zu beschatten? Aber vielleicht bildete ich mir das alles auch nur ein. Ob ich zur Polizei gehen sollte? Nein, den Gedanken konnte ich mir aus dem Kopf schlagen, denn ich hatte ja nur Vermutungen, keine Beweise. Man würde mich auslachen und nach Hause schicken. Die hatten auf dem Revier andere Sorgen.

Nein, diesen „Fall" würde ich selbst klären müssen. Ich fragte mich nur, wie ich das wohl anfangen sollte, und bei dieser fruchtlosen Überlegung schlief ich endlich ein.

Ich vergaß die Vorfälle, nachdem eine Woche lang nichts Verdächtiges geschehen war, außerdem nahmen meine Reisevorbereitungen mich voll in Anspruch. Ich mußte zu einem Kongreß nach Rio de Janeiro, und Südamerika war eines jener Länder, von denen ich bisher immer nur geträumt hatte. Nun ließ sich dieser Traum verwirklichen.

Der Flug verlief normal, und die Konferenz selbst ließ den Teilnehmern genug Zeit, Land und Leute kennenzulernen. Ein gecharterter Bus brachte uns auf entlegene Haziendas, hinauf zum Corcovado, in den berühmten Botanischen Garten von Rio und zum Strand von Copacabana. Mit dem Schiff besuchten wir die Inseln Hacuruca und Jardin Sorocaba, auf denen wir uns in die Südsee versetzt glaubten.

Ich nahm alles mit dem üblichen Interesse eines normalen Touristen auf, bis ich von dem Berg Gavea hörte. Er liegt südlich von Rio, und vom Fenster des „Nazional" aus blickte ich direkt auf ihn. Auch ohne besondere Phantasie war zu erkennen, daß sein Gipfel die Form eines Wikingerkopfes hatte. Selbst die Gesichtszüge und der Vollbart waren unverkennbar.

„Mit dem Gavea hat es seine besondere Bewandtnis", erklärte mir Sigi, einer der Kongreßteilnehmer, der mit seinem roten Bart selbst wie ein Wikinger aussah, als wir neben dem runden Swimmingpool auf der Terrasse des Hotels lagen und die Sonne genossen. „Man erzählt sich die seltsamsten Geschichten über ihn. So soll es an der Südseite eine eiserne Tür geben, die in das Innere des Berges führt."

„Hat man sie denn gesehen?" fragte ich ungläubig.

„Das schon, aber sie liegt inmitten einer glatten und senkrechten Steinwand, die noch nie bezwungen wurde".

„Ammenmärchen!" knurrte ich skeptisch und nahm einen Schluck aus dem Bierglas. „Immerhin – der Kopf des Wikingers... er fiel mir schon am ersten Tag auf. Die Natur ist doch der beste Baumeister."

„Der Gipfel wurde vor Urzeiten künstlich bearbeitet", sagte Sigi überzeugt. „Was wir heute noch sehen, sind nur die von Wind und Regen verwitterten Überreste. Weißt du, daß man sich erzählt, im Gavea säßen die verschwundenen Nazigrößen und warteten auf ihre Stunde? Selbst Hitler, seine Frau und seine Söhne sollen dabei gewesen sein. Es wurde auch berichtet, daß eine Frau in deren Begleitung war, die äußerst eigenartig aussah. Einige wollen gesehen haben, daß sie ein seltsames Licht ausstrahlte."

Ein Einheimischer am Nebentisch, der anscheinend unser Gespräch belauschte, fiel Sigi im gebrochenen Deutsch ins Wort: „Ihr glaubt wohl die Geschichten nicht, he? Aber ihr werdet auch noch sehen!"

Ich lachte und hätte fast mein Bier verschüttet.

„Lieber Himmel, wo gibt es nicht derartige Geschichten? Denke nur an den Untersberg bei Salzburg. In dem soll Kaiser Karl auf die große Entscheidungsschlacht warten. Immerhin seltsam", fügte ich nachdenklich hinzu, „daß alle diese Sagen mit einem langsameren Zeitablauf innerhalb des Berges zu tun haben. Findest du nicht?"

„Das wird schon seinen Grund haben", gab Sigi mir recht und schwieg.

Später stand ich am Hotelfenster und blickte hinüber zum Gavea, dessen östlicher Ausläufer als felsige Halbinsel weit ins Meer hinausragte. Ich bedauerte, keinen Feldstecher dabei zu haben, entsann mich aber der Filmkamera, deren ausgezeichneter Zoom fast wie ein Teleskop wirkte.

Dicht unter dem flachen Gipfel glaubte ich eine Linie mit „regelmäßigen Unregelmäßigkeiten" zu erkennen, ähnlich einer Schrift. Ganz sicher war ich meiner Sache nicht, weil der Zoom nicht stark genug vergrößerte und das Bild außerdem undeutlich wurde.

Ich beschloß, Sigi meine Entdeckung mitzuteilen.

Er nickte, während wir die Bestellung für das Abendessen aufgaben.

„Na also, da hast du es! Morgen fliegen die anderen übrigens nach Sao Paulo, da hätten wir einen freien Tag. Wie wäre es, wenn wir versuchten, so nahe wie möglich an den Gipfel heranzukommen?"

„Klettern?" entsetzte ich mich. „Bei der Hitze?"

„Auf Straßen und Wegen, soweit wir können. Nicht klettern!"

Am anderen Tag stopfte ich etwas Geld in die Tasche und hing die Kamera um. Wir nahmen ein Taxi und ließen uns zum höchsten Punkt der Straße bringen, die von hier aus wieder ins Tal führte. Wortreich erklärte uns der Fahrer, daß von hier aus ein Pfad weiter nach oben ginge. Dann wendete er und fuhr in Richtung Rio zurück. Ich sah nur noch, daß er mehrmals den Kopf schüttelte.

Wir marschierten los, vorbei an blühenden Büschen mit Unmengen von Kolibris, unreifen Bananenstauden und urwaldähnlichem Gestrüpp. Der Weg wurde immer schmaler, bis er auf einem Plateau endete. Eine Holzplattform und ein Warnschild verrieten, daß von hier aus die Drachenflieger starteten, die wir schon seit Tagen beobachtet hatten. Wie riesige Kondore segelten sie weit hinaus aufs Meer und kehrten in großem Bogen zurück, um am Strand zu landen.

Der Blick auf den nähergerückten Gavea war überwältigend. Die hohe Stirn, die tiefen Augenhöhlen, eine etwas zerbröckelte Nase, darunter der Mund über dem Vollbart – alles war vorhanden. Ich ließ die Kamera surren und holte das steinerne Gesicht so nahe wie möglich heran. Die Schrift war leider noch immer undeutlich, da sie im Bergschatten lag, aber es gab sie zweifellos.

Sigi berichtete alles, was er noch über den Berg wußte. Er schien sich intensiv damit befaßt zu haben. Einiges klang sehr märchenhaft, doch anderes gab mir zu denken. Die Parallelen zu den Sagen des Unterbergs, mehr als ein Viertel des Erdumfangs entfernt, waren nicht zu übersehen.

„Wir sollten versuchen, noch näher heranzukommen."

Ich stimmte zu. Ein anderer Pfad führte mitten hinein in ein trockenes Dschungelgebiet, das den Gavea von dem Plateau des Vorbergs trennte. Man hatte uns vor Schlangen gewarnt, die es hier geben sollte. Das machte uns vorsichtig. Aber bald wurde der Pfad so schmal, daß er kaum noch zu erkennen war und wir uns nicht mehr an die Regel halten konnten, ihn keinen fußbreit zu verlassen. Wir mußten umkehren.

Am anderen Tag traf die Reisegruppe aus Sao Paulo wieder ein. Wir nahmen Eric beiseite und berichteten ihm von unserem Abenteuer. Er hatte diesen Kongreß mitorganisiert, der sich in erster Linie mit Archäologie befaßte, allerdings mit einer ganz besonderen Art von Archäologie. Sie war unkonventionell und mutig, und eines Tages, heute weiß ich es, erhielt sie eine neue Bezeichnung.

„Natürlich habe ich schon vom Gavea gehört", sagte Eric, mit dem mich eine aus gleichen Interessengebieten stammende Freundschaft verband. „Ich war sogar schon einmal mit dem Hubschrauber auf seinem Gipfelplateau. Auf dem ist nicht viel zu sehen, aber wenn man hinüber zum tiefer gelegenen Plateau des Nachbarberges schaut, erkennt man auf ihm sieben konzentrisch angelegte Ringe, von denen niemand weiß, wer sie in den Fels gemeißelt hat – und warum. Es sind Rillen, die man später mit Kreide ausfüllte, um sie besser sichtbar zu machen. Das Wikingergesicht des Gavea sieht genau auf diese Ringe."

Statt einer Antwort hatten wir ein neues Rätsel.

Es war ziemliches Glück, daß Eduardo, der in Rio wohnte, von unserem Interesse am Gavea erfuhr. Am Abend gesellte er sich zu uns, und nachdem wir eine Weile den Badenden im Swimmingpool zugesehen hatten, sagte er:

„Seit zehn Jahren schon beschäftige ich mich mit dem Gavea und habe alles gesammelt, was man sich über ihn erzählt. Es ist in der Tat so, daß es überall auf der Welt Berge gibt, von denen ähnliche Dinge berichtet werden."

„Wenn man sich also nur mit einem beschäftigt, lernt man auch das Geheimnis der anderen kennen?" fragte ich.

„Im Prinzip schon. Da ich in unmittelbarer Nähe des Gavea lebe, konzentriere ich mich auf ihn. Du wohnst am Fuß des Untersbergs, den ich von Briefen und Büchern her kenne. Warum gehst du den Dingen dort nicht mal nach?"

Ich versprach es, kam aber dann nicht mehr dazu, Fragen zu stellen, weil inzwischen noch andere Teilnehmer des Kongresses ihre Stühle näher gerückt hatten und eine Diskussion entstanden war, die sich mit anderen Problemen befaßte.

Für mich war es niemals nur eine Theorie, sondern eine von den Menschen und der Zeit vergessene Tatsache, daß einst auf der Erde eine hochtechnisierte Zivilisation bestanden hatte. Ihre Spuren waren verwischt worden, und die wenigen Hinweise, die man fand, schienen der Wissenschaft nicht deutlich genug zu sein. Sie wollte und konnte sich nicht mit dem Gedanken vertraut machen, daß vor ihr schon einmal etwas Größeres und Fortgeschritteneres existiert hatte. Außerdem fehlte ihr das Wichtigste: Phantasie.

In meiner Freizeit und auch beruflich beschäftigten mich diese Probleme sehr, und ich las alle einschlägigen Bücher dieser neuen Wissenschaft. Die meisten Hinweise gab mir das Werk ‚Aufbruch ins dritte Jahrtausend' von Louis Pauwels und Jacques Bergier, eine unglaublich ergiebige Fundgrube vergessenen Wissens. Lange bevor sein Buch erschien, lernte ich Jacques persönlich kennen, und nach vielen ausführlichen Gesprächen in seiner Pariser Wohnung entstand bei mir der Eindruck, daß er mehr wußte, als er zugab. Heimlich nannte ich ihn „den letzten Alchimisten". Auch seinen besten Freund Georges lernte ich kennen, und ich gebe zu, daß ich ihm viel verdanke. Vor allen Dingen war er aufgeschlossener als Jacques, so daß ich von ihm viele wertvolle Hinweise erhielt. Hinweise, die sich bald als eine phantastische Realität erweisen sollten.

Ich wollte gerade das Buch beiseite schieben, als draußen auf der Landstraße vor meinem Haus ein Motor abgestellt wurde. Ich sah aus dem Fenster. Ein Auto war an der fast vergessenen Engstelle stehengeblieben. Zwei Männer betrachteten aus seinem Innern heraus hingebungsvoll das sich ihnen bietende Panorama. Die Fahrtrichtung des Wagens verriet, daß sie den Aussichtsparkplatz passiert hatten.

Kurz entschlossen ging ich hinaus in den Garten, der an die Straße grenzte. Dazwischen schlängelte sich der kleine Bach talwärts. Es konnte meiner Meinung nach kaum auffallen, im eigenen Garten spazierenzugehen und die Forellen im Wasser zu beobachten.

Noch ehe ich den Rand des Grundstücks erreichen konnte, sprang der Motor an. Der fremde Wagen mit einem Nürnberger Kennzeichen rollte davon, bevor ich die beiden Insassen erkennen konnte.

Wütend über mich selbst, kehrte ich ins Haus zurück. Hatte ich denn wirklich nichts anderes zu tun, als harmlose Touristen zu verdächtigen, nur weil sie dicht vor meinem Haus anhielten und die Aussicht genossen?

Ich legte das Buch endgültig fort und sah hinüber zum Untersberg. Ein Bekannter von mir hatte in der Heimatzeitung eine Notiz veröffentlicht, aus der hervorging, daß ich mich für die Sagen des Berges und eventuelle Erlebnisberichte interessierte. Um potentielle Berichterstatter aus der Reserve zu locken, war auch ein Beispiel angeführt, eine Geschichte, deren Wahrheitsgehalt nicht zu überprüfen war, deren Substanz jedoch mit dem Inhalt alter Überlieferungen seltsam übereinstimmte.

In einem kleinen Marktflecken am Fuß des Untersbergs sollte sich vor einigen Jahren ein Ehepaar aus Norddeutschland zur Erholung aufgehalten haben. Bei einem ihrer täglichen Spaziergänge waren die beiden zum Eingang einer der zahlreichen Höhlen gekommen und hatten sie betreten. Einige Stunden später erschien die Frau bei der Polizei und gab an, sie habe ihren Mann in der Höhle verloren, man möge ihn doch suchen und herausholen. Die Suchaktion von Polizei und Bergwacht blieb erfolglos. Der Mann war und blieb verschwunden.

Eine Woche später tauchte er im Ort auf. Seiner überglücklichen Frau und der Polizei versicherte er, sich nicht mehr als anderthalb bis zwei Stunden in der Höhle aufgehalten zu haben. Sein noch frisch rasiertes Gesicht und der normale Appetit schienen seine Aussage zu bestätigen.

Zeitverschiebung?

Auch die Sagen berichten von ähnlichen Vorkommnissen, aber dieser Fall war ein aktuelles Geschehen. Mein Versuch jedoch, Näheres zu erfahren, schlug fehl. Die Polizei wußte von nichts, die Bergwacht schwieg sich aus, und das Ehepaar war nicht aufzutreiben. Auch die Zeitungsnotiz brachte nichts ein. Nur ein älterer Herr und eine Dame meldeten sich bei mir, konnten aber nichts Neues berichten.

Die Geschichte von dem Zahnarzt in der Gegend von Berchtesgaden, der ab und zu für eine Woche im Untersberggebiet verschwand und mit einem nur um Stunden gealterten Bart zurückkehrte, erschien mir dagegen eher glaubwürdig. Ein Bekannter, der ihn aufsuchen wollte, um Näheres zu erfahren, wurde barsch abgewiesen und bekam ihn nicht zu sehen. Ich gab es auf. Was hat der Untersberg, so fragte ich mich unwillig, mit den Leuten zu tun, die immer vor meinem Haus anhielten?

Oder mit dem Gavea? Nichts?

Doch dann geschah etwas, das alle meine Zweifel wegfegte und meinem Leben die entscheidende Wende gab. Ein Verlag lud mich zu einer Redaktionsbesprechung ein, und ich fuhr nach München. Am späten Nachmittag brachte mich ein Taxi zum Hotel, und bereits nach kurzer Zeit fiel mir auf, daß uns ein zweites Taxi folgte. Es war wie im Krimi.

Als ich vor dem Hotel ausstieg, hielt es ebenfalls an. Von der Rezeption aus, wo man mir den Schlüssel aushändigte, konnte ich nach draußen sehen. Der Mann im zweiten Taxi blieb sitzen. Er trug einen dunklen Anzug und einen Homburger.

Es fällt mir oft schwer, Namen zu behalten, aber Gesichter kann ich mir gut merken. Außerdem trug er einen sehr markanten Ring, den ich schon mal früher gesehen hatte. Ich würde das des Mannes, der mir gefolgt war, so schnell nicht vergessen.

Eigentlich wollte ich ins Kino gehen, aber dann entschloß ich mich, in der Hotelbar noch ein paar Drinks zu mir zu nehmen. Es herrschte ziemlicher Betrieb, und ich hatte viel Mühe, einen kleinen freien Tisch in einer Nische zu finden, von dem aus ich den ganzen Raum gut überblicken konnte. Ich gab meine Bestellung auf und lehnte mich dann bequem in den Sessel zurück, um die Gäste zu beobachten. Den Mann im Taxi hatte ich längst wieder vergessen.

Der gut gekleidete ältere Herr am Nebentisch, der mit freundlich-gönnerhafter Miene an seiner hübschen, jungen Begleiterin herumtätschelte, war mit Sicherheit ein Geschäftsmann, der seiner Sekretärin klarzumachen versuchte, daß ein späteres Diktat in seinem Hotelzimmer von äußerster Wichtigkeit sei. Ein Stück weiter arbeitete ein Vertreter an seiner Tagesabrechnung, dazu trank er Mineralwasser. An der Bar warteten zwei Damen auf irgend jemand. Mein Drink kam, ich wurde abgelenkt.

Und dann stand er plötzlich neben mir, der Mann aus dem Taxi. Er hielt den Hut in der Hand, lächelte zuvorkommend und fragte:

„Darf ich mich zu Ihnen setzen?"

Ich war derart überrascht, daß ich nur stumm nicken konnte. Er ließ sich im zweiten Sessel nieder, legte den Hut auf die breite Lehne und sah mich an. Er lächelte noch immer.

Ein halbes Dutzend verschiedener Vermutungen schossen mir durch den Kopf, eine verrückter als die andere. Daß er mir gefolgt war und sich an meinen Tisch setzte, war kein Zufall, das war klar. Die Frage war nur, ob er auch etwas mit den anderen Leuten zu tun hatte, von denen ich glaubte, daß sie mich heimlich beobachteten.

„Ihre Vermutung stimmt", sagte er plötzlich, als habe er meine Gedanken erraten. „Bereits vor einigen Jahren beschlossen wir, Kontakt zu Ihnen aufzunehmen. Jetzt ist es soweit."

Ich sah den Kellner kommen und erhielt so eine Überlegungspause, während der Fremde ein Glas Wein bestellte. Ich nutzte die Gelegenheit, sein Gesicht zu studieren. Es war von gesunder, brauner Färbung, als käme sein Besitzer gerade von einem Urlaub im sonnigen Süden zurück. Ich hätte ihn für einen Südamerikaner gehalten, wenn er nicht so perfekt deutsch gesprochen hätte, aber eigenartiger Weise ein Deutsch, das man heute nicht mehr spricht. Seine dunklen Haare waren mit Silberfäden durchsetzt. Ich schätzte ihn auf etwa fünfzig Jahre.

„Wer ist das... wir?" fragte ich, als der Kellner gegangen war.

„Ich bin nicht ermächtigt, Ihnen schon heute Einzelheiten mitzuteilen, aber Sie dürfen versichert sein, daß wir zu Ihren Freunden zählen. Dies ist unser erster Kontakt mit Ihnen, andere werden folgen. Ihre Schriften machten uns auf Sie aufmerksam, aber auch Ihr Umgang mit einer ganz bestimmten Kategorie von Menschen."

Ich fixierte ihn, als könne mir sein Gesicht mehr verraten als seine Worte. „Wer sind Sie?" fragte ich und wußte, daß er es mir nicht sagen würde.

Sein Gesichtsausdruck veränderte sich nicht.

„Lediglich einer von jenen, die Sie noch kennenlernen werden. Sie müssen mir jetzt vertrauen, auch wenn wir mehr von Ihnen wissen als Sie von uns. Vor allen Dingen muß ich Sie bitten, über unsere Begegnung Stillschweigen zu bewahren, auch Ihren besten

Freunden gegenüber. Leben Sie weiter wie bisher, verbreiten Sie Ihre Theorien und Vermutungen in Artikeln und Berichten wie bisher, halten Sie weiterhin Kontakt zu Ihren Freunden. Und denken Sie daran, daß nur der Unbefangene und ständig Suchende sein Ziel objektiv angehen kann."

Mir lagen tausend Fragen auf der Zunge, aber sie zu stellen wäre zwecklos gewesen. Er sagte mir nur das, was er mir zu sagen hatte, aber ich begriff nichts davon. Ich mußte an Jacques denken, der im Jahr 1937 Kontakt zu einem Fremden hatte, den er für den geheimnisvollen Fulcanelli hielt.

Mein Gegenüber griff nach seinem Hut und erhob sich.

„Sie werden von nun an niemanden mehr bemerken, der Sie beobachtet. In einem Jahr treffen wir uns wieder. Betrachten Sie dieses eine Jahr als eine letzte Prüfung und ändern Sie Ihre Lebensgewohnheiten nicht. Im übrigen haben Sie recht: Nichts ist phantastischer als die Wahrheit. Leben Sie wohl."

Er ging davon, ohne sich noch einmal umzudrehen. Ich konnte ihm nur wie gelähmt nachstarren, bis der Bann von mir abfiel. Hastig leerte ich mein Glas, unterschrieb die Rechnung und eilte in die Rezeption. Meine Hoffnung, den Fremden noch einmal zu sehen, erfüllte sich nicht. Er hatte das Hotel längst verlassen.

Wie in Trance ging ich auf mein Zimmer, aber es dauerte lange, bis ich endlich eingeschlafen war. Meine Träume gaben mir keine Antwort auf die vielen Fragen, und erst am anderen Tag, als ich im Zug saß und in der Ferne die Berge auftauchen sah, wurde ich ruhiger.

Zufälle spielten in meinem Leben immer eine ganz besondere Rolle, aber sehr oft fragte ich mich, ob gewisse Ereignisse, die mein Leben veränderten, Zufall oder Schicksal waren. Die Antwort fand ich natürlich nie, wenn es auch oft Sekunden gab, in denen ich alles zu wissen glaubte. Aber kaum waren diese kurzen Lichtblicke vorüber, war alles wie vorher. Jeder Mensch erlebt diese Momente des „Plötzlich-alles-Wissens", in der Jugend öfter als im Alter.

Ich überlebte den Krieg durch Zufälle, auch die fünf Jahre in Sibirien. Erinnerungen an Norwegen kamen wieder hoch und an die damals erlebten Abenteuer.
Ich begann ihnen zu vertrauen, aber nicht zu sehr.

Aus München zurückgekehrt, befaßte ich mich mehr als bisher mit meiner Bibliothek. Ich stieß dabei auf Dinge, die ich vorher offenbar übersehen hatte. Meine Suche begann konzentrierter und zielsicherer zu werden.

In regelmäßigen Abständen besuchte mich Walter aus Salzburg, schon deshalb, weil wir auch beruflich eng zusammenarbeiteten. Außerdem war gerade er es, der mir wertvolle Tips gab, manchmal sogar, ohne es zu wissen. Als er meine auf dem Schreibtisch liegenden Bücher und Merkzettel sah, meinte er: „Grenzwissenschaften - Geheimwissenschaften? Wozu denn das?"

„Interessiert mich, natürlich nebenbei." Er studierte die einzelnen Titel.

„Gute Sachen dabei. Willst du Artikel darüber schreiben?"

„So etwa in der Richtung", gab ich zu. „Dafür brauche ich Quellen."

„Dachte ich mir schon. Vielleicht kann ich dir helfen."

„Ganz bestimmt, bei deinem phänomenalen Gedächtnis. Ich habe da eine Menge Fragen, die ich behandeln möchte, und ich würde viel Zeit sparen, wenn ich die richtigen Stellen in den richtigen Büchern wüßte, um Hinweise zu erhalten. Zum Beispiel das Stichwort: Berge. Über einige gibt es Sagen einer ganz bestimmten Richtung, wir sprachen schon darüber. Diese Sagen müssen Ursachen haben."

Walter zog die Augenbrauen in die Höhe. Jede Sage hat ihren Ursprung in einem vergessenen Ereignis.

„Du spielst auf den Untersberg an?"

„In erster Linie, weil er vor der Haustür liegt. Aber es gibt in jedem Erdteil mindestens einen, über den man sich die gleichen Dinge erzählt. Ich möchte herausfinden, warum das so ist."

Zu dieser Zeit wußte ich noch nicht, warum ich Berge und ihre Sagen mit dem Fremden in Verbindung brachte, dem ich in München begegnet war. Aber ich sollte bald erfahren, daß Intuition mehr als Zufall ist.

„Ich kenne fast alle Sagen über den Untersberg", unterbrach Walter meine Überlegungen. „Es geht eigentlich fast immer um das selbe Problem: Menschen verschwinden in seinen Höhlen, und wenn sie dann wieder zum Vorschein kommen, finden sie ihre altvertraute Umgebung völlig verändert vor. Weil viele Jahre vergangen sind, manchmal sogar ganze Generationen. Sie selbst aber behaupten, nur ganz kurze Zeit im Berg gewesen zu sein, der im übrigen zum größten Teil von Höhlen durchzogen sein muß. Man kennt allein an die zweihundertfünfzig."

„Ich war in einigen, habe aber nichts bemerkt."

„Die Zeitverschiebungen ereignen sich selten und sporadisch."

„Ich will versuchen", holte ich ihn in meine vermeintliche Wirklichkeit zurück, „rational und realistisch zu denken, ohne phantastische Möglichkeiten ganz auszuschließen. Wie könnten die von dir erwähnten Zeitverschiebungen entstehen, die von der Wissenschaft zwar nicht geleugnet, aber nur in Verbindung mit der Lichtgeschwindigkeit für möglich gehalten werden?"

Meine offensichtliche Skepsis war reine Berechnung und stand im Widerspruch zu meiner eigenen Überzeugung. Aber nur so konnte ich der Wahrheit näherkommen. Wenn er die gleichen Schlüsse zog wie ich, war ich einen Schritt weiter.

„In deinen Artikeln beweist du eine Menge Phantasie", sagte Walter. „Kannst du dir wirklich nicht vorstellen, daß sich auf bestimmten Punkten der Erdoberfläche Dimensionslinien schneiden und gewisse Phänomene hervorrufen, für die man keine vernünftige Erklärung findet? Denke nur an das Bermuda-Dreieck."

„So ein Unsinn!" forderte ich ihn heraus. „Was hat denn das mit dem Untersberg zu tun?"

„Genausoviel wie der Berg Shasta im Norden von Kalifornien oder der Gavea bei Rio. Tu nicht so, als hättest du nicht daran gedacht."

Er hatte mich durchschaut. Vielleicht kamen wir gemeinsam auch schneller ans Ziel.

„Natürlich habe ich das, und es gibt noch mehr Orte auf dieser Welt, die zum Nachdenken Anlaß geben. Es wurde nur zuviel darüber geschrieben. Niemand nimmt es mehr ernst. Ist so ähnlich wie die Sache mit den UFOs."

„Aber ich nehme es ernst", gab er zu. „Wenn auch mit gewissen Einschränkungen und Vorbehalten. Ich glaube, man sollte immer nach dem Kern suchen, nach der Ursache, einfach nach der Wahrheit. Die konservative Wissenschaft nützt hier nichts, weil sie zu wenig Phantasie besitzt. Außerdem steht ihr Ruf auf dem Spiel – meinen sie stets. Du als populärwissenschaftlicher Schreiber gehst da kein Risiko ein."

Provokation ohne Risiko? Die Begegnung mit dem Fremden in München hatte mich eines Besseren belehrt.

„Du hast den Nagel auf den Kopf getroffen", sagte ich schließlich. „Ich habe die Bücher hier, auf die es ankommt. Ich wäre dir dankbar, wenn du mir die Arbeit abnehmen könntest, sie noch einmal durchliest und die für mich wichtigen Stellen anmerkst."

Er deutete auf den Bücherstapel. „Ich habe die meisten davon selbst. In einer Woche gebe ich dir Titel und Seiten, die dich interessieren." Er sah mich nachdenklich an. „Sonst keine Neuigkeiten?"

Die Antwort fiel mir schwer: „Nein, Walter, nichts Neues..."

Im Spätsommer erhielt ich eine Einladung nach Kalifornien, und da ich gerade Zeit hatte, nahm ich an. Ich hatte meine Freunde dort schon seit Jahren nicht mehr gesehen. Die erste Woche verging mit den üblichen Rundfahrten und Besichtigungen. Man schleppte mich nach Disneyland, zeigte mir Hollywood und ließ mich schließlich in der alten „Geisterstadt" Calico halb verdursten, weil es zum saftigen Steak nur Cola oder Apfelsaft gab. Dann aber, als die Tage der Erholung begannen, entsann ich mich des Rates, den mir Peter aus Wien gegeben hatte:

„Vergiß nicht, dir den Berg Shasta anzusehen, wenn du schon in dir Gegend bist. Man erzählt sich seltsame Dinge über ihn..."

Ein Blick auf die Karte zeigte mir, daß der Shasta etwa tausend Kilometer Luftlinie von Los Angeles entfernt war, mit dem Auto noch mehr. Er lag gute fünfzig Kilometer vor der Grenze nach Oregon.

Beim Abendessen kam ich vorsichtig zum Thema und ließ ein paar Bemerkungen fallen, die meinen Gastgeber Joe dazu veranlaßten, mir einen grandiosen Vorschlag zu machen: „Ich könnte einige Tage Urlaub nehmen, Malibu kommt auch mal ohne mich aus. Wir setzen uns in den Wagen und fahren nordwärts bis Sacramento, das sind ungefähr fünfhundert Kilometer. Das schaffen wir in einem Tag, und du siehst eine Menge vom alten Wilden Westen. Wir übernachten und gondeln dann weiter. Wie kommst du übrigens gerade auf den Mount Shasta?"

„Ich habe darüber gelesen", wich ich aus.

Er lachte. „Fängst du etwa auch schon an, diesen Unsinn zu glauben?"

„Alles Geheimnisvolle und Unerklärliche interessiert mich."

Joe schüttelte den Kopf und deutete auf die Karte.

„Seltsam ist, daß es nicht nur einen Mount Shasta gibt, sondern mindestens fünf. Hast du eine Ahnung, welchen du meinst?"

Ich verbarg meine Enttäuschung nicht. „Fünf Berge mit demselben Namen? Weit auseinander?"

„Nein, alle im Shasta-Reservat. Ein ganzer Höhenzug mit mehreren Gipfeln. Nennt sich Shastagebirge. Ich nehme aber an, du sprichst von dem Mount Shasta, der fünfzig Kilometer östlich allein in der Hochebene steht, ein erloschener Vulkan, so an die viertausenddreihundert Meter hoch."

„Das muß er sein", stimmte ich zu und schwächte dann ein wenig ab: „Na, und wenn nicht, dann sehe ich wenigstens etwas von der Landschaft."

Joe grinste und klopfte mit der Gabel auf die Karte. „Wir fahren zum Shasta, und damit basta!"

Damit war die Entscheidung gefallen.

Wir mußten zweimal übernachten, ehe wir am Vormittag des dritten Tages das Reservat erreichten. Nichts deutete darauf hin, daß wir uns zwar in einer Ebene, aber wesentlich mehr als tausend Meter über dem Meeresspiegel befanden. Im Osten erhob sich der eigentliche Mount Shasta, dessen Gipfel von einem Wolkenkranz eingehüllt war. Im Westen lag das Shasta-Gebirge, kaum mehr - so wenigstens sah es aus – als dicht aneinandergereihte Hügel, von denen jeder zweite auch Shasta hieß.

Wir verließen die Bundesstraße und folgten einem betonierten Fahrweg, der genau nach Osten führte. Nach einigen Kilometern hörte der Beton auf und machte einer festen Lehmdecke Platz. Obwohl Joe sehr langsam fuhr, zogen wir eine dichte Staubwolke hinter uns her.

„In diese Gegend kommen nicht viele Leute", sagte Joe und deutete nach vorn. „Sie haben Angst vor dem Berg."

„Was erzählt man sich von ihm?" fragte ich. „Ich kann mich an ein paar Artikel erinnern, aber man darf nicht alles glauben."

„Viel weiß ich auch nicht. Es soll eine schmale Straße bis zur halben Höhe des Berges geben, vielleicht hat man sie inzwischen weiter ausgebaut. Der Gipfel ist fast immer in den Wolken."

„Das ist nichts Außergewöhnliches."

„Natürlich nicht, aber die Leute erzählen, es sei nicht möglich, an den Gipfel heranzukommen. Irgend etwas hielte sie zurück. Alles nur Märchen, glaube ich. In der heutigen Zeit..."
Joe war Sheriff in Malibu und ein nüchtern denkender Polizist.
„Wir werden ja sehen", meinte ich und hoffte im stillen, Joe einmal aus der Ruhe bringen zu können.
Die Sonne stand nun genau rechts von uns. Ihre Strahlen trafen auf den Wolkenring des Gipfels, der unseren Blicken verborgen blieb. Das Gelände begann allmählich anzusteigen, wir hatten den Fuß des Berges erreicht. Joe lenkte den Wagen auf einen kleinen Parkplatz mit einem halben Dutzend Bäumen und hielt an.
„Eine Pause kann nicht schaden. Im Kofferraum sind belegte Brote und eisgekühltes Bier."
Während wir aßen und unseren Durst löschten, ging mir noch einmal alles durch den Kopf, was ich über den Shasta erfahren hatte.
Schon die Indianermythologie nennt diesen Berg als Zufluchtsort vor den steigenden Wassern der Sintflut. Ein Mann namens Coyote soll sich damals mit einem Gefäß glühender Asche auf den Gipfel geflüchtet haben, und als das Wasser wieder sank, kehrte er mit dem geretteten Feuer in die Ebene zurück und brachte den Überlebenden die Anfänge einer neuen Zivilisation. Spätere Generationen erzählten immer wieder vom Mount Shasta seltsame Geschichten. Sie sprachen von „Himmelsbewohnern", die auf oder im Berg leben sollten, sogar von Luftschiffen, die sich hin und wieder zeigten und verschwanden. Angeblich wurden auch UFOs gesichtet.
Mythologien haben, wie Sagen, meist einen wahren Kern. Tief eingebettet liegt dieser Kern im Schoß der Vergangenheit und des Vergessens. Nur die Überlieferung bleibt lebendig, durch die Jahrtausende verzerrt und versymbolisiert. Anders die sogenannten Tatsachenberichte. Sie lassen sich meist bis zu ihrem Ursprung zurückverfolgen.
In der Mitte des vorigen Jahrhunderts berichteten Goldgräber immer wieder von einem starken Lichtschein, den sie in der näheren Umgebung des Shasta beobachtet haben wollten. Elektrizität gab es

damals in diesen Bezirken sicherlich noch nicht, und ein Lagerfeuer oder einen Waldbrand hätten die erfahrenen Westmänner bestimmt als solche erkannt.

Im Jahr 1931, fast ein Jahrhundert später, wütete an den Hängen des Shasta ein Waldbrand und fraß sich weiter nach oben, bis er die Nebelhaube unter dem Gipfel erreichte. Dort erlosch das Feuer plötzlich ohne jede ersichtliche Ursache. Noch Jahre später war die so entstandene Grenze deutlich als schnurgerade Trennlinie zu erkennen.

Etwa 1939 stand in einer kalifornischen Zeitung ein Artikel über die angeblichen Geheimnisse des Mount Shasta. Es handelte sich um eine jener pseudo-wissenschaftlichen Abhandlungen, die man mit großem Interesse liest, ohne ein Wort davon zu glauben. Der Artikel ließ Bewohner des Shasta-Reservats zu Wort kommen, die behaupteten, im oder am Berg müsse es eine unbekannte Siedlung geben, die noch aus alten Zeiten stamme und vielleicht sogar auf ihren Begründer Coyote zurückgehe.

Manchmal, so berichteten die Leute, begegne man diesen Geheimnisvollen. Sie trügen weiße Gewänder, hätten dichtes und mit einem Stirnband zusammengehaltenes Haar und würden eingekaufte Waren mit Goldkörnern bezahlen. Jeder Versuch, ihnen zu folgen, sei fehlgeschlagen. Durch den ewigen Wolkenschleier hindurch, so wurde behauptet, habe man den Gipfel oft golden schimmern sehen, und ein alter Mann versicherte steif und fest, vor Jahren einem Fremden im Wald begegnet zu sein, dessen Haupt mit einer Kapuze bedeckt war – und in seiner Stirn sei so etwas wie eine Narbe oder ein geschlossenes Auge gewesen.

„Du bist sehr schweigsam", schreckte mich Joe aus meinen Gedanken hoch. „Was hast du denn?"

Ich beschloß, ihm reinen Wein einzuschenken, und erzählte ihm so ausführlich wie möglich, was ich aus Artikeln und Berichten über den Berg Shasta wußte. Er lachte sich halbtot, dann meinte er:

„Na ja, bei deinem Beruf kannst du ohne Phantasie kaum leben. Du nimmst den Unsinn doch nicht etwa ernst?"

„Natürlich nicht", versicherte ich schnell, „aber ich finde das alles ungeheuer interessant. Deshalb wollte ich hierher. Nun starte endlich die Mühle, wir haben genug Zeit vertrödelt."

Er betrachtete den sich den Hang hinauf schlängelnden Weg voller Skepsis. „Hoffentlich schafft das der Wagen, so neu ist er nicht mehr."

„Wenn es zu steil wird, halten wir einfach an", schlug ich vor.

Die ersten paar hundert Meter ging alles glatt. Zwar lag ein Schlagloch neben dem anderen, aber Joe fuhr langsam und vorsichtig um sie herum. Der damals verbrannte Wald war nachgewachsen, aber ich sah noch immer verkohlte Baumstämme unter dem frischen Grün liegen.

Als sich der Jungwald zur Talseite etwas lichtete, hielt Joe an und sagte:

„Der Motor muß abkühlen, sonst kocht das Wasser." Ich hatte nichts dagegen und stieg aus. Es war merklich kühler geworden, obwohl es erst kurz nach Mittag war. Wir befanden uns schon ziemlich hoch über der Ebene. Ein Blick nach oben zeigte mir, daß die untere Grenze des Nebelrings noch mehr als fünfhundert Meter über uns war. Er hüllte den Gipfel wie eine Tarnkappe ein.

Ich weiß nicht, warum ich gerade in diesem Augenblick an den Fremden in München denken mußte, der sich in der Hotelbar an meinen Tisch gesetzt und seltsame Dinge gesagt hatte. Zwischen ihm und dem Mount Shasta gab es keinen Zusammenhang.

Joe, der seinen Dienstrevolver stets bei sich trug, überprüfte die Trommel. Er bemerkte meinen Blick und grinste. „Einsame Gegend hier, weißt du. Ich glaube, ihr in Europa habt noch nicht so schlechte Erfahrungen mit Tramps gemacht wie wir."

„Hier ist kein Mensch außer uns. Können wir weiter?"

Er nickte. „Der Motor hat sich abgekühlt. Mal sehen, wie weit wir kommen."

Wir überwanden vielleicht noch zweihundert Meter Höhenunterschied, dann setzte der Motor ohne jede Vorwarnung plötzlich aus. Joe war geistesgegenwärtig genug, den Wagen anzuhalten, ehe er rückwärts die Steigung hinabrollen konnte. Vorsichtig lenkte er ihn an die Straßenseite.

„Kein Benzin mehr?" erkundigte ich mich erschrocken.

„Wir haben in Red Bluff getankt, muß noch halb voll sein. Strom ist auch da, nur der Anlasser sagt keinen Ton."

Die Heizung lief, als Joe sie ausprobierte, aber die Zündung blieb tot. Eine kurze Untersuchung ergab, daß alle Leitungen intakt waren. „Na schön", sagte Joe schließlich und gab es auf. „Dann werden wir den Karren einfach umdrehen und ohne Motor den Berg hinabfahren. Vielleicht treffen wir ein paar Camper." Ich sah an ihm vorbei. Der Gedanke, so kurz vor dem Ziel aufzugeben, behagte mir absolut nicht.

„Gehen wir ein Stück zu Fuß", schlug ich vor. „Bergauf."

Er überlegte eine halbe Minute, sah auf seine Uhr und nickte.

„Also gut, ein Spaziergang kann nie schaden." Er strich bei diesen Worten über seinen beachtlichen Bauch. „Mir schon gar nicht, das meint wenigstens mein getreues Eheweib."

Er schloß die Türen und wir gingen langsam den Hang hinauf, denn zur Eile lag kein Grund vor. Selbst wenn wir später am Fuß des Berges niemanden antrafen, so war das kein Unglück. Wir konnten in dem großen Wagen bequem schlafen, falls es Nacht wurde, und morgen würden wir den Fehler schon finden und beheben.

Der Jungwald begann sich immer mehr zu lichten, je höher wir stiegen. Verkohlte Stämme gab es nicht mehr. Dann wurden die Bäume höher. Wir mußten die 1932 entstandene Grenze überschritten haben. Dicht über uns schwebte der Wolkenring. Obwohl ein leichter Wind wehte, rührte er sich nicht vom Fleck.

„Bißchen komisch ist das ja schon alles", murmelte Joe und blieb stehen. „Habe ich mal in einem Buch gelesen, da hatten Leute aus den UFOs einen geheimen Stützpunkt auf einem Berg. War natürlich ein ‚utopischer Roman', mußt du wissen," und lachte verschmitzt in sich hinein. Er griff sich an die Stirn. „Ich habe etwas Kopfschmerzen. Scheint doch anstrengend zu sein."

Erst jetzt kam mir zu Bewußtsein, daß auch mich ein leichtes Schwindelgefühl befallen hatte. Mir war nicht direkt schlecht, aber das Verlangen, mich einfach hinzulegen und zu schlafen, wurde überstark. Ehe ich etwas sagen konnte, setzte sich Joe in das trockene Gras am Wegrand.

„Mann, bin ich müde", sagte er und streckte sich lang aus.

Ich weiß nur noch, daß ich mich dicht neben ihn setzte und versuchte, die Augen offenzuhalten. Hinlegen wollte ich mich nicht, denn ich wäre sofort eingeschlafen. Ich sah noch einmal hoch zu dem Wolkenring über mir, der sich nun in ein leuchtendes Blau verwandelt hatte und bemerkte am Rande ein nebulöses Gebilde, das sich drehte, verschwand und wieder kam. Und für einen kurzen Moment glaubte ich, ein Flimmern und Wabern zu sehen, aber bevor mein Gehirn diese Tatsache richtig verarbeiten konnte, sank ich zurück.

„Joe...!" hauchte ich mühsam, bekam aber keine Antwort mehr. Ich wollte mich aufrichten, aber dabei wurde es dunkel um mich herum, als sei die Sonne erloschen. Dann wußte ich nichts mehr.

Ich bin ein leidenschaftlicher Freizeittaucher, aber mehr als sieben oder acht Meter schaffe ich nicht. Wenn dann die Luft in den Lungen knapp wird, lasse ich mich einfach „von der Sonne nach oben ziehen". Es ist ein langsames Hinaufsteigen und dauert mehrere Sekunden. Die Dämmerung bleibt zurück, und es wird heller, bis man die glitzernde Oberfläche durchbricht und wieder atmen kann.

Während ich erwachte, war mir auch so, als tauche ich aus großer Tiefe auf. Es wurde langsam hell um mich, und der Schein der Sonne schimmerte rötlich durch meine Lider.

Ich öffnete die Augen.

Zu meiner maßlosen Überraschung lag ich bequem in den Polstern des Beifahrersitzes von Joes Wagen. Er selbst saß noch schlafend hinter dem Steuer, bewegte sich aber bereits unruhig. Am

Wegrand waren wir eingeschlafen. Wie kamen wir in den Wagen? Doch das war noch nicht alles. Der Wagen stand nicht mehr auf halber Höhe des Mount Shasta, sondern auf dem kleinen Parkplatz am Fuß des Berges, wo wir die Mittagspause gemacht hatten. Joe neben mir wurde endgültig wach. Ich sah, wie er sich aufrappelte, die Veränderung unseres Standorts registrierte und entsetzt die Augen aufriß.

„Bin ich verrückt?" fragte er ungläubig.

„Wir sind beide völlig normal", versicherte ich ihm.

„Von einer Dose Bier ist noch nie jemand so betrunken gewesen, daß er Halluzinationen hatte. Trotzdem müssen wir den halben Berg wieder heruntergefahren sein, ohne daß wir uns daran erinnern können."

„Niemals!" Joe zog den Zündschlüssel aus seiner Tasche. „Ohne einen Gang einzulegen, wäre ich nie den steilen Berg hinabgefahren. Mann, das ist vielleicht ein Ding!"

Sachlich und kühl sagte ich: „Jemand muß uns in den Wagen gesetzt, ihn gewendet und dann die Straße herunter gefahren haben. Es gibt keine andere Erklärung."

Er blickte mich an. „Jemand...? Wer denn?"

Ich zuckte mit den Schultern. „Was weiß ich? Vielleicht einer der geheimnisvollen Nachfahren des Indianers Coyote."

„Ist doch Unsinn!" fauchte er mich an, aber es klang weder sicher noch überzeugt. „Ammenmärchen, sonst nichts."

Ich gab keine Antwort. Ich drehte mich um und holte die Bourbonflasche aus dem Korb. Ein Schluck würde uns guttun. Da fiel mir der Briefumschlag auf, der vorher nicht da gewesen war. Ich nahm ihn und drehte ihn unschlüssig hin und her. Er trug weder Anschrift noch Absender.

„Wie kommt der denn in den Korb?" wollte Joe wissen.

„Keine Ahnung." Ich öffnete den Umschlag. In ihm steckte ein weißer Bogen ohne Aufdruck. Mit der Hand und mit Bleistift geschrieben standen nur ein paar Worte darauf:

Du mußt warten, denn das Jahr ist noch nicht vorbei. –
Nummer Eins

Der Schreiber war der Fremde aus München, daran konnte kein Zweifel bestehen, aber das konnte ich Joe natürlich nicht sagen. Der Mount Shasta hatte also etwas mit den Leuten zu tun, die er vertrat. Die ganze Geschichte wurde immer rätselhafter und unheimlicher.

„Was soll denn das nun schon wieder bedeuten?" fragte Joe ganz ohne seine gewohnte Ruhe und Überlegenheit.

„Ich habe nicht die geringste Ahnung. Vielleicht gibt es da oben tatsächlich Menschen, und sie wollen nicht, daß man sie findet. Der Nebelring könnte ein Betäubungsgas enthalten."

„Und der Brief ist eine Warnung?" In Joe erwachte der Polizist. „Die Behörden sollten sich darum kümmern. Vielleicht haben sich da oben ein paar Verrückte niedergelassen."

„Die Behörden?" Ich lachte und nahm einen kräftigen Schluck, dann gab ich Joe die Flasche. „Die kennen die Geschichten, die sich um den Berg ranken. Man würde dich nur auslachen."

„Vielleicht hast du recht", gab er zu. „Trotzdem werde ich das hier mein Leben lang nicht vergessen. Schon deshalb nicht, weil es keine Erklärung gibt. Was ist mit dem Brief?"

„Den kannst du als Andenken haben", sagte ich, um nicht verdächtig zu erscheinen.

Später vergaß er ihn und fand ihn auch nicht mehr im Handschuhkasten, in den ich ihn gelegt hatte. Kein Wunder, denn ich hatte ihn heimlich an mich genommen. Auf ein Rätsel mehr oder weniger sollte es für Joe nun auch nicht mehr ankommen.

Er schob den Schlüssel ins Zündschloß und startete. Der Motor sprang sofort an und lief so ruhig, als sei er gerade in der Werkstatt überholt worden. Ohne ein weiteres Wort zu verlieren, fuhr Joe an und nahm Richtung nach Westen, wo wir hergekommen waren.

Der Mount Shasta blieb zurück. Immer wieder drehte ich mich nach ihm um, aber die grauweiße Haube aus Nebel und Wolken veränderte sich nicht. Was mochte sie verbergen? Und was hatte die Nummer Eins damit zu tun?

Joe riß mich aus meinen Gedanken:

„Wir erreichen bald die Station Weed an der Bahn, dann biegt die Straße nach Süden ab. Willst du dir die anderen Shastaberge auch ansehen?"

„Ich glaube, wir haben genug gesehen", meinte ich. Der Höhenzug blieb rechts liegen, als wir nach Süden abbogen. Vor uns lagen noch über tausend Kilometer. Als es dämmerte, erreichten wir Hooker und übernachteten. Während der Fahrt und im Motel sagte Joe mindestens hundertmal: „Das glaubt uns kein Mensch!" Ich hoffte inständig, daß er recht behalten würde.

Wieder zu Hause, besuchten mich Walter und Peter, denen ich mein Erlebnis erzählte, ohne allerdings den Brief zu erwähnen, der sicher in meinem Tresor lag. Eine lebhafte Diskussion folgte, in deren Verlauf sich herauskristallisierte, daß beide sich mit anderen geheimnisumwitterten Bergen in allen Teilen der Welt beschäftigten. Sie vermuteten gewisse Zusammenhänge, denen man auf die Spur kommen müsse.

„Wieso soll es da Zusammenhänge geben?" fragte ich wider besseres Wissen.

„Es muß sie geben!" sagte Peter überzeugt. „Auch damals im Dritten Reich wurde schon viel Geld für Forschungsreisen in aller Herren Länder ausgegeben. Und in mindestens zwei Fällen ist mir von einer gewissen Seite bestätigt worden, daß die Suche Erfolg hatte. Und hast du den Hügelzug in Nevada vergessen, von dem Eric berichtete? Er soll angeblich manchmal seine Form verändern, von oben gesehen. Ein Mann ging in eine der Höhlen, draußen wartete sein Sohn beim Auto. Nach drei Stunden kam der Mann wieder heraus und behauptete, nur zwei Minuten drin gewesen zu sein. Ist doch eine verrückte Geschichte."

„Nicht verrückter als viele andere", gab ich zu bedenken. „Nur läßt sich keine von ihnen beweisen."

„Trotzdem interessant", meinte Walter und schlug vor: „Ich werde mir die Arbeit machen und alle Bücher über solche Phänomene nachlesen. Da gibt es zum Beispiel in Kanada den Mount Aylmer, südlich des Kicking Horse-Passes im Staat Alberta. Bergsteiger behaupten, in der Nähe des Gipfels bekomme man komische Gefühle, obwohl der Berg relativ leicht zu besteigen ist. Man sei froh, wieder umzukehren. Im Innern des Berges soll eine riesige Höhle sein, erzählen sich die Indianer, die noch in der Gegend leben, so groß, daß man ein ganzes Schiff hineinstellen könne. Zeitverschiebungen soll es auch geben."

„Da hat man also alles auf einmal", meinte Peter und grinste ungläubig. „Und wie soll man so etwas nachprüfen?"

Ich schüttelte den Kopf. „Jede offizielle Anfrage ist zwecklos, man erhält keine Antwort und wird für einen Spinner gehalten. Geld oder Zeit haben wir auch nicht, dauernd in der Welt herumzureisen und Sagenberge aufzusuchen."

Wir redeten noch bis spät in die Nacht hinein, ohne ein Ergebnis zu erzielen. Dann fuhr Walter nach Salzburg zurück, derweil Peter in meinem Gästezimmer verschwand. Ich hörte ihn noch lange in Büchern herumblättern, während ich nebenan in meinem Bett lag und nicht einschlafen konnte. Vor mir lagen noch acht Monate, ehe das bewußte Jahr vorbei war. Der Gedanke daran ließ mir keine Ruhe mehr.

Die Einladung nach Chapra war eine der größten Überraschungen, die ich jemals erlebte. Ich kannte in Indien keinen Menschen und konnte mir nicht vorstellen, daß dort jemand auf den Gedanken kam, ausgerechnet mich darum zu bitten, in den Schulen über gewisse Theorien zu sprechen und mit Studenten und Wissenschaftlern darüber zu diskutieren. Ich wußte, daß es kompetentere Leute gab, warum also ich?

Vorsichtig und mißtrauisch nahm ich die Einladung nicht sofort an, sondern schrieb einen sehr höflichen Brief, in dem ich mich bedankte und um nähere Informationen bat, von denen ich meine Entscheidung abhängig machen wolle.

Es würde sicherlich einige Tage dauern, bis eine Antwort eintraf, also nutzte ich die Zwischenzeit, um Erkundigungen einzuziehen. Ich rief Eric an und fragte ihn. Er schien nicht sonderlich erstaunt zu sein.

„Die haben die Mitgliederliste unserer Gesellschaft", klärte er mich auf. „Ich habe sie den Professoren gegeben, als ich dort war."

„Aber warum gerade ich? Ich bin doch kein Wissenschaftler."

„Den wollen sie diesmal auch gar nicht. Sieht ganz so aus, als möchten sie Spekulationen hören, und in der Hinsicht bist du ja

Fachmann. Ich habe ihnen damals erzählt, daß du schon manche Dinge vorausgesehen hättest, ohne ein Hellseher zu sein."
„Soll ich denen vielleicht meine Artikel vorlesen?"
„Ich nehme nicht an, daß die gerade das wünschen. Aber hinfahren würde ich an deiner Stelle schon. Kostet ja nichts."
„Hoffentlich! Billig ist so eine Reise gerade nicht."
„Du kannst von Kalkutta aus ein Flugzeug nach Chapra nehmen. Es landet zwar in Patna, der größeren Stadt mit der Universität, aber von dort aus geht ein Bus nach Chapra."
„Hört sich ziemlich kompliziert an. Kannst du nicht mitkommen?"
„Keine Zeit, mein Freund, aber ich gebe dir ein Empfehlungsschreiben mit, das hilft weiter. Man kennt mich dort recht gut. Und vergiß die Impferei nicht, das ist wichtig. Den Brief schicke ich heute noch ab. Melde dich noch mal, ehe du fährst."
„Okay und danke."

Obwohl ich noch keine Antwort aus Indien erhalten hatte, begann ich mit den Reisevorbereitungen. Peter und Walter, denen ich die Neuigkeit mitgeteilt hatte, erschienen zwei Tage später.

„Chapra liegt am Ganges", eröffnete mir Peter geheimnisvoll.
„Da kannst du gleich in ihm baden", meinte Walter etwas neidisch. „Das Wasser soll ja alle Krankheiten heilen."
„Auch wieder nur ein Märchen", sagte ich und winkte ab.
„Außerdem habe ich gehört, daß gerade der Ganges mit allen möglichen Krankheitskeimen verseucht ist, da verzichte ich gern."
Walter wurde plötzlich ganz ernst.
„In der Nähe der Mündung mag das der Fall sein, nicht aber am Oberlauf. Außerdem münden bei Chapra zwei Flüsse in den Ganges." Er tippte mit dem Zeigefinger auf die Indienkarte, die wir auf dem Tisch ausgebreitet hatten, und folgte diversen Flußläufen. „Hier, in Allahabad biegt er nach Nordwesten ab bis zur Quelle im Nanda Devi-Gebiet, etwa siebentausendachthundert Meter hoch."

„Ich will ja nicht die Quellen des Ganges erforschen", warf ich ein. „Auch wenn dort das Wasser am saubersten ist."

„Der Berg Nanda Devi soll aber auch seine Geheimnisse haben", lockte Walter hinterhältig. „Ich an deiner Stelle..."

„Ich bin froh, wenn ich heil nach Chapra gelange", unterbrach ich ihn. „Aber was reden wir? Noch habe ich keine offizielle Einladung erhalten."

„Da liegt sie doch auf dem Tisch."

„Ich meine Flugtickets und so. Glaubt ihr denn, ich könnte das alles selbst bezahlen?"

Walter gab keine Ruhe.

„Das Geheimnis des Gangeswassers hat mich schon immer fasziniert. Bis heute weiß noch niemand, warum es eine heilende Wirkung hat."

„Religiöser Aberglaube allein ist es jedenfalls nicht", sagte Peter überzeugt. „Ich habe eine Menge Berichte und auch medizinische Gutachten darüber gelesen. Die erstaunlichsten Sachen sind da schon passiert. Selbst Halbtote wurden wieder gesund."

Davon hatte ich natürlich auch schon gehört, aber ich blieb skeptisch. Lange noch diskutierten wir über die bevorstehende Reise, und meine Freunde gaben mir ein Dutzend guter Ratschläge. Als sie mich schließlich verließen, taten sie es mit dem guten Gefühl, mich genügend auf alle Eventualitäten vorbereitet zu haben. Selbst ich begann nun auch zu glauben, daß mir nichts mehr passieren könne.

Drei Tage später traf die Antwort aus Chapra ein. Der Brief trug einen offiziellen Charakter und war genauso höflich abgefaßt wie der erste. Ein zweites Schreiben stammte von der Universität in Patna, ein drittes von einer behördlichen Dienststelle. Die Flugtickets lagen bei, auch für den Rückflug. Ohne Termin und Festbuchung. Die Daten konnte ich selbst einsetzen. Damit war die Entscheidung gefallen.

Der Flug verlief reibungslos und ohne Zwischenfall. In Kalkutta gab es nur einen kurzen Aufenthalt. Die Maschine nach Patna war klein und unbequem, aber schon eine Stunde später landete sie am Zielort, und ich war froh, mir die Beine vertreten zu können. In der Halle des kleinen Flugplatzes kam ein europäisch gekleideter Herr mit Tropenhelm auf mich zu und streckte mir zögernd die Hand entgegen. „Sie müssen es sein... willkommen in Indien." Er war Engländer.

„Danke, Mister..."

„Roy Gibson. Unsere Gesellschaft hat mich beauftragt, Sie sicher nach Chapra zu bringen. Der Bus wartet schon draußen."

Er half mir beim Abholen der beiden Koffer, trank mit mir an der primitiven Bar einen Begrüßungsschluck und brachte mich dann zum Bus, der altertümlich und reparaturbedürftig aussah. In seinem Innern war es fast unerträglich heiß und stickig.

„Das wird besser, wenn er fährt", tröstete mich Gibson, als ich mir den Schweiß von der Stirn wischte. „Wir sind froh, daß Sie die Einladung angenommen haben, und Sie dürfen überzeugt sein, daß wir Ihnen den Aufenthalt in unserem Land so angenehm wie möglich machen. Sie werden übrigens bei mir wohnen, es ist Platz genug."

Er war mir vom ersten Augenblick an sympathisch, so hatte ich nichts gegen seinen Vorschlag einzuwenden, ganz im Gegenteil. Ein privates Quartier war mir jetzt lieber als ein Hotel.

„Patna ist die Hauptstadt des Staates Bihar", erklärte Gibson, während der Bus über die mit Schlaglöchern übersäte Straße holperte. „Ungefähr hunderttausend Einwohner, also etwas größer als Chapra. Außer der Universität haben wir noch das Pasteur-Institut. Aber Sie werden sich wahrscheinlich mehr für den Sikhtempel interessieren, der außerhalb der Stadt liegt. Vielleicht haben wir Zeit, ihn aufzusuchen."

Rechts und links der Straße arbeiteten die Landbewohner in den Feldern. Alles sah viel kultivierter aus, als ich es erwartet hatte. Gibson beantwortete willig alle Fragen, die ich ihm stellte. Er war ein geduldiger Reiseführer.

Bald verschwanden die Häuser ganz. Die Straße führte durch die fruchtbare Hochebene nach Nordwesten. Ab und zu hielt der nur noch halbbesetzte Bus, um Passagiere aussteigen zu lassen oder neue aufzunehmen.

„Chapra wird Ihnen gefallen", versicherte Gibson, ehe ich vor Müdigkeit eindöste. „Mein Haus liegt am Ufer des Gogra, der in den Ganges mündet. Übrigens nähern wir uns schon der Stadt."

Für die fünfzig Kilometer lange Strecke hatten wir anderthalb Stunden benötigt.

„Eigentlich weiß ich noch immer nicht, was man eigentlich von mir erwartet", sagte ich ein wenig beklommen.

Gibson lächelte sein höfliches englisches Lächeln.

„Darüber unterhalten wir uns noch heute abend in aller Ruhe. Wir werden auf der Veranda sitzen und zusehen, wie die Sonne untergeht. Das Klima ist sehr gesund südlich des Himalaja."

Chapras Außenbezirke waren nicht sonderlich anziehend. Der Bus hielt noch mehrmals, dann saßen nur noch Gibson und ich in ihm. Ich bemerkte, daß er dem Fahrer einen Geldschein zuschob und ihm etwas sagte, das ich nicht verstand. Der Fahrer nickte und fuhr weiter.

„Ob Bus oder Taxi, das bleibt sich gleich", erklärte Gibson. „Der Fahrer ist froh, wenn er nebenbei etwas verdient. Er bringt uns bis zum Haus."

Wenig später erreichten wir den Gogra. Die Straße war zu einem besseren Feldweg geworden. Rechts entdeckte ich eingezäunte Grundstücke. Die dahinter liegenden einzelstehenden Häuser wurden meist durch Bäume verdeckt. Dann hielt der Bus endgültig an.

„Wir sind da", sagte Gibson und schnappte sich einen der Koffer. „Das Abendessen wartet. Kommen Sie."

Ich nahm den anderen Koffer und folgte ihm. Der Bus wendete und fuhr in Richtung Chapra zurück. Das kleine Gartentor war offen. Ein schmaler Weg führte zum Haus, das versteckt hinter Büschen und Bäumen direkt am Flußufer lag. Es war ein Bungalow mit großer Terrasse, die man überdacht hatte. Auf dem Tisch standen Schüsseln mit Früchten, daneben leere Gläser.

Ein indisches Mädchen kam uns entgegen.

„Das ist Tana", erklärte Gibson und begrüßte sie freundlich. „Sie wohnt bei uns, seit ihre Eltern gestorben sind. Tana, dies ist unser Gast, der einige Zeit bei uns bleibt. Wo steckt Jenny?" Er wandte sich an mich: „Jenny ist meine Frau."

„Sie ist am Fluß, kommt aber gleich zurück", sagte Tana in gutem Englisch. „Gut, wir warten auf der Veranda. Ich denke, ein Schluck Bier kann nach der Hitze im Bus nicht schaden."

Wenig später stießen wir an.

„Jenny geht oft am Fluß spazieren", sagte Gibson. „Sie hat den Bus nicht kommen hören, sonst wäre sie schon hier. Wir leben nun seit fünf Jahren in diesem Haus, aber eines Tages werden wir nach Europa zurückkehren."

Gibson war etwa vierzig Jahre alt. Sein Vater hatte sein halbes Leben in Indien verbracht, war aber inzwischen gestorben. Jenny kehrte von ihrem Spaziergang zurück, entschuldigte sich, bei meiner Ankunft nicht da gewesen zu sein und ging dann, um Tana bei der Zubereitung des Abendessens zu helfen. Gibson nutzte die neue Pause, mir den Grund der Einladung näher zu erläutern:

„Die Idee kam uns nach einem Vortrag, den Ihr Freund Eric in Patna hielt. Die anschließende Diskussion erhitzte die Gemüter der daran teilnehmenden Lehrkräfte und Studenten. Trotz gegenteiliger Auffassungen gründeten wir einen Klub, trafen uns dann regelmäßig und tauschten unsere Erfahrungen aus. Seit einiger Zeit erhalten wir sogar staatliche Zuschüsse, so wurde die Einladung an Sie möglich."

„Warum gerade ich?"

„Sie wurden uns empfohlen, aber das ist nur ein Grund. Wir kennen die Ansichten und Theorien der Wissenschaftler, aber wir nehmen an, daß interne Gespräche mit Ihnen, bei denen diesmal der Phantasie keine Grenzen gesetzt werden, neue Aspekte zutage fördern. Jede noch so verrückt klingende Theorie wird erlaubt sein. Also ein Brainstorm der Phantasie, wenn Sie so wollen."

Das hörte sich gut an.

„Sicher sehr interessant", gab ich zu. „Was aber ist mit den Schulen? Man schrieb mir etwas von Vorträgen und ähnlichem."

„Sie sind ein offizieller Vorwand gegenüber den Behörden, denen wir verantwortlich sind. Formulieren Sie in der Öffentlichkeit mit aller Vorsicht die Theorie einer längst versunkenen Zivilisation auf der Erde, das genügt. Eine solche Theorie steht im Einklang mit vielen Religionen, wir werden damit nicht anecken. Doch darüber reden wir noch später. Da kommt Tana mit dem Essen. Jenny auch..."

Nur scheinbar hat diese Indienreise nichts mit meiner eigentlichen Geschichte zu tun, in Wirklichkeit jedoch sollte sie sich später als wichtige Zwischenstation auf dem Weg erweisen, den ich eingeschlagen hatte, ohne es zu wissen.

Ich schlief gut in der ersten Nacht, und am Nachmittag des folgenden Tages hielt ich einen kurzen Vortrag in der Aula einer Schule, dem eine Aussprache folgte. Ein Dolmetscher übersetzte in die Landessprache.

Den Abend verbrachten wir in Gibsons Haus mit einigen Mitgliedern seines Klubs. Da alle englisch sprachen, war der Dolmetscher überflüssig.

Es wurde eine sehr lebhafte Unterhaltung, aber an Einzelheiten kann ich mich nicht mehr erinnern. Selbst den Namen des Präsidenten habe ich vergessen - Chanda oder so ähnlich. Er mochte um die siebzig sein und trug einen schwarzen Vollbart, und damit sah er genauso aus, wie man sich einen Inder für gewöhnlich vorstellt.

Mir fiel nach einiger Zeit auf, daß seine Fragen sehr gezielt gestellt wurden, was ich auf seine Skepsis zurückführte. Erst am dritten Tag meines Aufenthalts in Chapra wurde ich eines Besseren belehrt.

Am zweiten Tag hielt ich drei Vorträge, am dritten einen in der Universität von Patna. Auf der Rückfahrt von dort fuhr Gibson nach Chapra hinein zum Klub, der hier seinen Sitz hatte.

Nach dem typisch englischen Essen versammelten sich einige Mitglieder der Vereinigung in dem gemütlich eingerichteten Klubraum um den runden Tisch. Ihre erwartungsvollen Blicke verrieten mir, daß sie allem Anschein nach entscheidende Offenbarungen von mir erwarteten, doch damit konnte ich leider nicht dienen.

Immerhin wurde es ein angeregter Abend, dennoch war ich froh, als sich die Aufmerksamkeit von mir abwandte und die Unterhaltung allgemeiner wurde. Es entstanden kleine Gruppen, die sich im Raum verteilten. Chanda blieb neben mir sitzen.

Er war bisher auffällig schweigsam gewesen und hatte nur zugehört, doch nun veränderte sich sein Verhalten.

„Haben Sie schon darüber nachgedacht", fragte er mich nicht sonderlich laut, „ob es nicht auch in meinem Land Hinweise auf eine verschollene und vielleicht vernichtete Zivilisation geben könnte? Ich meine, haben Sie Kenntnis von Dingen, die von ihr hinterlassen wurden?"

Die „Tage des Brahma" fielen mir ein, die Berichte des Mahabharata, der Sanskrit-Text des Sehers Maharashi Bharadwaja, der nichtrostende Eisenstab in Delhi – aber nein, den lieber nicht. Oder vielleicht doch?

„Srinagar!" sagte ich dann spontan. „Der Judentempel in Srinagar, Kashmir. Ich nehme an, Sie haben davon gehört, als Eric hier war."

„Das stimmt, aber es ist offiziell nichts geschehen. Die radioaktive Strahlung, die dort nachgewiesen wurde, hat derart exakte Ausmaße, daß sie nicht natürlichen Ursprungs sein kann. Ich bin Ihnen dankbar, daß Sie gerade Srinagar erwähnen, denn wir planen eine Expedition dorthin. Der lange Streifen Radioaktivität läßt mir und den anderen keine Ruhe mehr. Für mich persönlich ist er der Beweis für das einstige Vorhandensein einer fortgeschrittenen Technik. Ihre Reste liegen dort nur wenige Meter unter der Erdoberfläche."

Ich begriff, daß neben mir ein Mann saß, der so dachte und fühlte wie ich. Auch mir genügte es nicht, eine erstaunliche Tatsache festzustellen und dann die Finger davon zu lassen.

„Wann gehen Sie?" fragte ich. Er lächelte.

„Noch lange nicht, denn die Vorbereitungen sind schwierig. Und vergessen Sie nicht, daß unsere Absicht geheim bleiben muß. Trotzdem können wir darüber reden. Doch zu einem anderen Thema, das nur scheinbar nichts mit dem Tempel in Kashmir zu tun hat: der Ganges."

„Man hört viel über seine angebliche Heilkraft", sagte ich vorsichtig, vielleicht um ihn herauszufordern.

„Sie ist wissenschaftlich bewiesen. Das Wasser des Ganges heilt viele Krankheiten, und nicht nur mit Hilfe des Glaubens, der auch einiges dazu beiträgt. Erstaunlich ist dabei die nur wenigen bekannte Tatsache, daß die Heilkraft zunimmt, je mehr man sich dem Oberlauf des Stromes nähert. Leider baden dort die wenigsten Gläubigen."

Das war mir allerdings neu, aber ich zog noch keine Schlüsse.

Einige der Klubmitglieder kehrten leider gerade in diesem Augenblick an unseren Tisch zurück und unterbrachen die Unterhaltung. Erst viel später, als wir aufbrachen, erhielt ich noch einmal Gelegenheit, Chanda kurz zu sprechen. Eigentlich war er es, der mich beiseite nahm und sagte:

„Sehen Sie sich die Karte von Indien einmal genau an und versuchen Sie, den geographischen Zusammenhang zwischen Srinagar, den Gangesquellen, Chapra und dem Delta bei Kalkutta herauszufinden. Aber vergessen Sie nicht, daß Karten ungenau sein können. Wir sehen uns morgen beim Vortrag."

Ich stand reglos da, bis Gibson meinen Arm nahm.

„Kommen Sie, es ist schon spät. Jenny ist sicher schon im Bett. Ist Chanda nicht ein wunderbarer Mensch?"

„Ja, das ist er allerdings", murmelte ich geistesabwesend und stieg in seinen Wagen. „Er hat mich auf eine phantastische Idee gebracht."

In meinem Reisegepäck befand sich eine Karte von Indien, wenn auch keine besonders große. Ich breitete sie auf der Bettdecke aus und suchte die Orte, die Chanda erwähnt hatte. Srinagar war eingezeichnet, ich fand sogar den kleinen Fluß, der in dem Expeditionsbericht Erics erwähnt wurde. Er floß dicht unterhalb des Judentempels vorbei, wo angeblich Jesus viele Jahre nach seinem „Tod" lebte. Den Lauf konnte ich nicht verfolgen, da er nur ein kurzes Stück eingezeichnet war. Der Karte nach zu urteilen, versickerte er irgendwo südöstlich der Stadt im Boden des Hochtals.

Mehr als hundert Kilometer südöstlich fand ich den Manda Devi, das Quellgebiet des Ganges, der von dort aus an Allahabad vorbei nach Chapra und mit einigen Abweichungen bis Kalkutta floß. Auf den ersten Blick lagen Srinagar, der Manda Devi, Chapra und das Delta auf einer Linie, die von Nordwest nach Südost verlief.

War es das, was Chanda gemeint hatte?

Ich war mir nicht sicher, aber mir fiel ein, daß er „scheinbar" gesagt hatte. Scheinbar kein Zusammenhang! Also mußte seiner Meinung nach einer bestehen.

Ich mußte an die Bemerkungen Walters denken, das Wasser des Ganges könne vielleicht radioaktive Stoffe enthalten, die Krankheitskeime sterilisierten. Eine so geringe Menge vielleicht, die nicht meßbar war.

Und dann, so hatte Walter behauptet, gäbe es eine Sage, nach der sich unter dem Ganges – irgendwo – ein noch unentdeckter Tempel befinde, von dem die Heilkraft ausginge.

Srinagar etwa? Aber nein, der Judentempel lag oberhalb des namenlosen Flusses, der im Boden versickerte. Außerdem schien keine Verbindung zum Ganges zu bestehen. Aber hatte Chanda nicht gesagt, daß sich die Heilkraft des Flusses verstärkte, je mehr man sich dem Quellgebiet nähere? Lag da vielleicht die Lösung?

Fragen über Fragen, und wieder keine Antwort.

Ich faltete die Karte zusammen und legte sie fort. Erst gegen Morgengrauen schlief ich ein, und in meinen wirren Träumen fand ich mehr als ein Dutzend Lösungen für das Problem.

Als ich erwachte, hatte ich sie alle wieder vergessen.

Die restlichen zehn Tage verliefen nach Programm. Ich bekam noch mehrmals die Gelegenheit, mit Chanda zusammenzutreffen und mit ihm zu plaudern. Er bestätigte meine Beobachtung, die ich dank der Karte hatte machen können, und meinte, es sei nicht ausgeschlossen, daß gewisse Zusammenhänge zwischen dem Gangeswasser und dem Tempel bei Srinagar bestehen könnten, fügte aber hinzu, daß es leider keine genauen Karten über das Quellgebiet gäbe.

Zwei Tage vor meiner Abreise organisierte der Klub eine öffentliche Veranstaltung mit anschließender Diskussion in der Universität von Patna. Neben mir auf dem Podium saßen Gibson, Chanda, einige Professoren und der Dolmetscher. Später sprach Chanda die Schlußworte, bedankte sich für mein Kommen und bat mich, den Mitgliedern der Schwestergesellschaft in Europa Grüße auszurichten.

Während er sprach, sah ich hinab in den halbdunklen Zuschauerraum, in dem die Gesichter eine verschwommene helle Masse bildeten und kaum voneinander zu unterscheiden waren. Mir fiel nur auf, daß sich in einer der hinteren Reihen jemand vorzeitig erhob und zum Ausgang schritt.

Chanda hörte auf zu sprechen, das Licht flammte auf.

Ich sah den Mann nun deutlicher, als er sich an der Tür noch einmal umdrehte. Er war etwa fünfzig Jahre alt, braungebrannt und mit dunklen Haaren, die mit Silberfäden durchsetzt waren.

In der nächsten Sekunde war er verschwunden.

„Nummer Eins", murmelte ich fassungslos, unfähig mich zu rühren, obwohl der Applaus aufbrandete und Gibson, Chanda und die anderen am Podiumstisch aufstanden. Zum Glück gab Gibson mir einen Stoß, der mich aus meiner Starre riß.

Der Saal leerte sich nur langsam. Neben mir sagte Chanda:

„Wir sehen uns morgen noch einmal bei Gibson. Im übrigen scheinen Sie sehr gute Augen zu haben, mein Freund..."

Ehe ich ihn fragen konnte, was er damit meinte, drehte er sich um und ging davon.

Ich erfuhr nie, ob er mein Geheimnis kannte oder nicht.

In meinem Arbeitszimmer hatte sich die Post gestapelt. Ich brauchte zwei Wochen, um sie einigermaßen aufzuarbeiten. Dann blieben mir noch sieben Monate bis zur Vollendung des angekündigten Jahres.

Sie ließen mich also doch nicht aus den Augen, meine geheimnisvollen Unbekannten. Selbst in Indien beobachteten sie mich. Mich beschäftigte die Frage, ob Nummer Eins absichtlich unvorsichtig gewesen war, um mich zu warnen – oder nicht. Aber ich hatte nichts getan, was gegen seine Anweisungen verstoßen hätte.

Inzwischen half mir der Zufall weiter, was den Ganges anbetraf. Die ungenaue Indienkarte und die Uneinigkeit darüber, welches nun die echte Gangesquelle war, ließen mir keine Ruhe.

Bei einem Blitzbesuch in Wien entdeckte ich bei meinem Freund Axel – er leitet dort einen Jazzklub – einen grandiosen Atlas, der mit Hilfe neuester Satellitenaufnahmen auf den modernsten Stand gebracht worden war. Ein Blick auf die Karte des nördlichen Indien veranlaßte mich, Axel derart unter freundlichen Druck zu setzen, daß er mir den Atlas verkaufte.

Wieder in meinem Büro, studierte ich ihn und stellte Vergleiche mit meinen anderen Atlanten und Karten an, und siehe da: die Unterschiede waren erstaunlich. Die von mir so enthusiastisch herausgearbeitete Linie Srinagar-Nanda Devi-Patna-Delta existierte überhaupt nicht. Die Theorie einer unterirdischen Flußverbindung zwischen Srinagar und Quellgebiet konnte ich vergessen. Doch dafür machte ich eine andere Entdeckung, die in meinen Augen sensationell war.

Denn vom Weltraum aus gesehen entsprang der Ganges zwar im Massiv des Nanda Devi, floß aber dann nicht nach Süden, sondern ziemlich genau nach Osten, hundertzwanzig Kilometer etwa, und dann dicht an Srinagar vorbei. Der kleine Fluß unterhalb des Tempels mit seinem radioaktiven Streifen war der spätere Ganges. War damit das uralte Rätsel der Heilkraft seines Wassers gelöst?

Der Alltag nahm mich nun wieder voll und ganz in Anspruch. Ich schrieb einige Reiseberichte über meinen Besuch in Indien und beschäftigte mich dann mit Büchern und Artikeln über die plötzlich akut gewordenen Probleme der Reinkarnation. Ich entsann mich, auch mit Chanda darüber gesprochen zu haben, der fest an eine Wiedergeburt glaubte.

Es war ein Wissensgebiet, daß auch mich mehr und mehr zu faszinieren begann, obwohl ich überzeugt war, niemals Gewißheit zu erhalten. Doch dann kam der Tag, an dem ich meine Meinung revidieren mußte.

Durch einen Bekannten erhielt ich die Möglichkeit, einer Sitzung beizuwohnen, die ein berühmter Hypnotiseur veranstaltete.

Ich kannte die junge Frau nicht, die sich zur Verfügung stellte. Niemals erfuhr ich ihren Namen. Sie machte einen etwas scheuen und zurückgezogenen Eindruck, gleichzeitig aber auch einen unbedingt ehrlichen. Sie war ein gutes Medium, denn sie versank sehr schnell in die hypnotische Trance und konnte so in ihre eigene Vergangenheit zurückgeführt werden. Sie schilderte ihre Geburt und dann die Zeit davor. Es sei dunkel um sie herum, und sie wisse nicht, wie lange dieser Zustand dauerte. Als es dann wieder hell für sie wurde, hatte sie einen gewaltigen Sprung gemacht.

Sie lebte angeblich im vierzehnten Jahrhundert und berichtete von Einzelheiten, die sie niemals selbst erfunden haben konnte. Eine spätere Überprüfung ergab, daß sie einige Felsformationen beschrieben hatte, die in einem Erdteil lagen, den sie nie in ihrem Leben besucht hatte.

Der Hypnotiseur ließ sie schlafen und wandte sich an uns:

„Ich sehe Ihnen die Zweifel an und verstehe sie auch. Wir haben hier ein sehr gutes Medium, leicht zu leiten. Vielleicht verspürt einer von Ihnen den Wunsch, es weiter zurück in die Vergangenheit zu führen, obwohl sich dann nicht mehr viel nachweisen läßt. Ich glaube, nein, ich weiß, daß Rückführungen praktisch unbegrenzt sind. Nur die Zeitepoche zwischen Tod und Wiedergeburt bleibt verborgen. Noch besitzen wir nicht das Wissen, auch sie zu ergründen."

Mein Freund stieß mich in die Seite.

„Nun, was ist? Hast du keine Lust?"

„Bin ich Hypnotiseur?"

„Unsinn! Du brauchst ihm nur zu sagen, was er tun soll."

In diesem Augenblick hatte ich eine fast irrsinnige Idee. In Verbindung mit meinem Interesse für die verschollene Zivilisation vor Zehntausenden von Jahren stand auch die Astro-Archäologie, die Beweise dafür suchte, daß einst Raumfahrer einer außerirdischen Intelligenz auf unserem Planeten landeten. Wenn sie zufällig zu uns kamen, so mußten auch diese Beweise rein zufällig sein. Kamen sie aber in voller Absicht, so bestand die Möglichkeit, daß sie aus diesen oder jenen Gründen auch einen Beweis absichtlich zurückließen. Wenn es nun gelang, das Medium zu einem Zeitpunkt zurückzuführen, an dem die Außerirdischen hier bei uns waren...

„Nun, was ist?" fragte mein Freund und riß mich aus meinen Überlegungen. Ich hatte mich entschlossen.

„Können Sie die junge Frau noch weiter zurückführen?" fragte ich den Hypnotiseur. „Sehr weit, meine ich."

„In die Zeit um Christi?" vergewisserte er sich.

„Viel weiter zurück. Vielleicht zehntausend Jahre."

„Ich kann die Zeit nicht bestimmen, aber ich kann es versuchen. Sie werden dann aber kaum noch feststellen können, ob diese Sitzung Schwindel ist oder nicht. Wir haben keine Vorstellung davon, wie es damals auf der Erde aussah."

„Das spielt keine Rolle. Versuchen Sie es, bitte."

„Ich wiederhole es noch einmal: die Zeitangaben werden ungenau sein, denn die Perioden zwischen Tod und Wiedergeburt sind unregelmäßig. Manchmal liegen nur Stunden oder Tage dazwischen, oft aber auch tausend Jahre."

Ich bestreite nicht, daß ich mehr als nur skeptisch war. Obwohl ich innerlich überzeugt bin, daß die Seele als energetische Einheit unzerstörbar ist, werde ich nie begreifen, daß ein Bewußtsein ohne aktive Erinnerung weiterbestehen soll. Es gibt diese Erinnerung, zwar nur in Fetzen und willkürlich, auch in der Hypnose, aber es gibt sie nicht gewollt und kontrolliert. Die sogenannte Unsterblichkeit der Seele ist also nur eine relative Unsterblichkeit. Selbst dann, wenn sie immer wieder neu in einem Körper „geboren" wird, aber keine Erinnerung mehr besitzt, ist sie sterblich in unserem Sinn.

„Gehen wir weiter zurück", hörte ich den Hypnotiseur sagen, der übrigens eine Kapazität auf seinem Gebiet sein sollte und dem noch nie jemand einen Schwindel hatte nachweisen können. „Gehen wir immer weiter zurück. Was erleben Sie jetzt, was sehen und empfinden Sie?"

Die Stimme der jungen Frau war so leise und undeutlich, daß ich sie kaum verstehen konnte. Sie murmelte:

„Es ist dunkel... wie in einer Höhle... aber nun wird es hell... jemand zieht einen Pfeil aus meiner Brust... es tut weh... aber es wird immer heller..."

Sie schwieg.

„Was geschieht jetzt? Wo bist du?"

In der Erregung duzte der Hypnotiseur das Medium.

Ihre Stimme kam zögernd und gequält:

„Salbe und Verbände... der Schmerz läßt nach... die Männer und Frauen um mich herum – sie sind klein und dunkelhäutig... eine Höhle..."

Das Frage- und Antwortspiel setzte sich fort. Die Versuchsperson glitt – von der Zeitepoche aus, in der sie sich befand – in die Zukunft. Nur um Wochen, nicht mehr. Sie blieb dieselbe Person. Als sie Landschaften beschrieb und wenig später die Lebensweise ihrer Bewohner, wurde mir klar, daß sie von Australien sprach. Die Hinweise auf die Tierwelt waren unmißverständlich.

Da aber noch heute in den Zentralgebieten des fünften Kontinents Eingeborene wie in der Steinzeit leben, konnte die Frage nach der Zeitepoche nicht einwandfrei beantwortet werden. Mir blieben nur Vermutungen.

„Noch weiter zurück?" hörte ich den Hypnotiseur fragen. Ich nickte nur stumm.

Doch dann erwachte die junge Frau plötzlich, und sie konnte sich an nichts erinnern, was sie uns mitgeteilt hatte. Für den nächsten Tag wurde eine weitere Sitzung vereinbart, die allerdings nur im engsten Kreis gehalten werden sollte. Das Medium erklärte sich damit einverstanden.

An diesem nächsten Tag übersprang die junge Frau, wie ich später errechnen konnte, etwa 13.000 Jahre und ignorierte damit alle dazwischen liegenden Lebensabschnitte. Sie wirkte aufgeschlossener als gestern, irgendwie fröhlicher. Die Worte sprudelten nur so aus ihrem Mund, und es war nicht einfach, den Zusammenhang zu finden.

„Grün, es ist alles so grün um mich herum. Und da sind Berge, keine sehr hohen Berge, aber von ihnen kommt der frische Wind, der kühlt. Am Fluß ist es heiß, aber in den Höhlen ist es kühl. Es sind die Höhlen der Götter, die uns verlassen haben..."

Der letzte Satz traf mich wie ein Blitz, aber ich ließ mir nichts anmerken. So unglaublich der Zufall auch sein mochte, er war eingetroffen. Der Hypnotiseur stellte weitere Fragen, das Medium antwortete...

„...hat sich unser Leben verändert. Der Häuptling nahm mich zur Frau, wie die Götter ihm rieten. Ich durfte die Höhlen betreten, aber nur bis zur Mauer. Ich weiß nicht, was dahinter ist..."

Dann folgten Worte in einer uns allen unbekannten Sprache. Für einige Zeit war es unmöglich, ihren Redefluß zu unterbrechen, dann jedoch forderte der Hypnotiseur sie energisch auf, wieder so zu sprechen, wie sie es in ihrem jetzigen Leben gewohnt sei.

Ich war davon überzeugt, daß nun alles zerstört sei und daß sie aufwachte, aber zu meiner Verwunderung blieb sie in Trance. Auch sprach sie nun wieder deutsch.

„Ich durfte nicht wissen, was hinter der Mauer war. Nur der Häuptling und die Priester dürfen das. Es ist schwer... ich versuche, mich zu erinnern... was geschah dann? Ja, es ist der Tag, an dem die Götter uns verlassen... Oben auf dem Gipfel des einen Berges, auf dem Plateau... jetzt erinnere ich mich genau. Kein Wald, es ist kühl.

Hier steht das Haus der Götter... eine große Kugel auf Beinen, wie eine Riesenspinne... sie glänzt überall, sie ist heller als die Sonne..."

Sie stockte und verstummte. Es war kein Wort mehr aus ihr herauszukriegen. Dann erwachte sie, sah sich verwirrt um, lächelte und meinte, sie habe gut geschlafen. Sie wußte nichts mehr.

Mein Freund und ich erhielten nach langen Verhandlungen nochmals einen Termin mit demselben Medium. Jetzt war es uns möglich, gezielt vorzugehen, und auch der Hypnotiseur schien begriffen zu haben, worum es uns ging. Er versprach, nachdem er unseren Scheck eingeschoben hatte, die vereinbarte Sitzung ganz privat für uns abzuhalten. Er garantierte dafür, daß sein Medium in jene Zeitepoche zurückkehren werde, in der es sich zuletzt befunden habe.

Um es gleich vorwegzunehmen: die verabredete Sitzung fand eine Woche später statt und wurde zu einem vollen Erfolg. Das Medium wurde in eine Zeit versetzt, in der es bereits eine alte Frau war und der Häuptling sich eine jüngere Nebenfrau zugelegt hatte. Durch geschickte Fragen fanden wir heraus, daß die Götter schon seit „vielen Regenzeiten" verschwunden und nie mehr zurückgekehrt waren.

Aber sie hatten „etwas" auf dem Berg zurückgelassen.

Mein Herzschlag beschleunigte sich merklich.

„Was ist es...? Fragen Sie doch, was es ist!"

Der Hypnotiseur nickte und stellte seine Fragen.

„... nicht mehr genau... zu lange her... etwas Schweres, nicht groß, viereckig und aus Metall... es glänzt in der Sonne. Der Stamm hat an der Stelle einen Tempel errichtet... den Sonnentempel. Ich bin heute dort gewesen... der heilige Platz auf dem Plateau... der Berg, auf dem die Sonne zuletzt untergeht... es sind zwei Berge wie Zwillinge..."

Und abermals redete sie in der uns unbekannten Sprache, bis sie plötzlich erwachte und nur langsam wieder in die Gegenwart zurückfand.

Die folgenden Tage und Wochen verbrachte ich damit, sämtliche Literatur, die ich über Südamerika auftreiben konnte, aufmerksam zu studieren. Es konnte kein Zweifel daran bestehen, daß unser Medium eine Indianerin im Amazonasgebiet gewesen war. Die Hinweise waren zu eindeutig. Es dauerte auch nicht lange, bis ich erste Andeutungen in der gesuchten Richtung in meinen Büchern fand.

Das einzige Handikap war die gewaltige Größe des Landes Amazonien und die riesigen unerforschten Gebiete des nördlichen Teils von Brasilien. Es konnte sich aber auch um Randgebiete von Peru, Ecuador, Kolumbien, Venezuela oder sogar Guayana handeln.

Es schien aussichtslos zu sein. Und als ich schon aufgeben wollte, fiel mir der neue Atlas wieder ein, der mir schon einmal weitergeholfen hatte. Ich holte ihn und schlug ihn auf.

Schon der erste Vergleich ließ erkennen, daß er selbst die nicht erforschten Gebiete des Amazonas und seiner vielen Nebenflüsse viel genauer wiedergab, als die üblichen Atlanten. Die Wasserläufe Amazoniens verändern sich dauernd, nicht aber markante Punkte wie Berge oder größere Seen. Unser Medium hatte ziemlich exakte Angaben gemacht.

So das Quellgebiet des „großen Stroms im Norden", mit dem sie nur den heutigen Orinoko gemeint haben konnte. Dort sollte sich südlich eines großen Berges, der allein in der Hochebene stand, ein See befinden, der einzige in der Gegend. Von dort aus, in Richtung des höchsten Sonnenstandes, sollte es ein paar Tagesmärsche bis zu einer Stelle sein, an der die Hochebene zum ewigen Wald abfiel. Und genau an dieser Grenze erhoben sich die beiden letzten Gipfel: die Zwillingsberge.

Einer von ihnen war der gesuchte.

Die beiden Berge hatten keine Namen, auch der See nicht, der durch einen Wasserarm mit dem Navacafluß verbunden war, der wiederum in den Orinoko mündete. Südlich davon lag die Sierra Imeri, eine Hochfläche, und dann kam der Abbruch zur Urwaldregion des Rio Negro, der bei Manaus in den Amazonas mündet.

Meine Zuversicht und mein Optimismus wurden jedoch arg gedämpft, als ich an meine erste Reise in das Amazonasgebiet dachte. Paß und Impfbescheinigungen waren zwar noch gültig, aber würde ich auch die Genehmigung erhalten, das Grenzgebiet zwischen Venezuela und Brasilien aufzusuchen, ein Gebiet, das offiziell den Indios gehörte? Die Funai war in dieser Hinsicht sehr streng.

Aber die Funai war Brasilien. Vielleicht sollte ich es von Norden her versuchen, von Venezuela aus...

Mir blieben nur noch knapp sieben Monate, und was danach kam, wußte ich nicht. Ich konnte es nicht einmal ahnen.

Kurz entschlossen setzte ich mich ins Flugzeug und flog nach Oslo, um Eric von meinem Vorhaben zu unterrichten.

Eric war, wie immer, auch an diesem Tag furchtbar beschäftigt. Er war über meinen unangemeldeten Besuch zwar erfreut, aber nicht gerade besonders glücklich. Ich konnte ihn verstehen. Auch ich liebte keine Überraschungsbesuche.

„Bring' den Koffer ins Gästezimmer, dann ist Nachtessen. Danach kannst du von mir aus fernsehen oder sonst was tun. Ich muß arbeiten, an einem neuen Buch. Morgen ab zwölf habe ich dann eine Stunde Zeit."

Ich grinste ihn nur fröhlich an, denn ich kannte ihn schließlich. Er würde sich noch wundern, wieviel Zeit er für mich hatte, wenn er erst einmal erfuhr, warum ich überhaupt gekommen war. Also brachte ich den Koffer ins Gästezimmer, begrüßte Erics Sekretär Willi, der nebenan im Büro hockte und wie üblich Überstunden machte, nahm mir ein Buch und legte mich aufs Bett, um mir die Zeit bis zum Abendessen zu vertreiben.

Dieses fand, wie gewohnt, im Familienkreis statt, zu dem natürlich auch Willi zählte. Im Verlauf des Essens fragte Eric ganz nebenbei:

„Sag mal, was führt dich eigentlich zu mir? Warum hast du vorher nicht telefoniert? So einfach mir nichts, dir nichts..."

„Ich weiß, das ist nicht meine Art, aber sicher hast du schon mal etwas von einem ‚spontanen Entschluß' gehört, der wenig Zeit zum Überlegen läßt. So erging es mir heute. Außerdem hätten dir Andeutungen auch nichts genützt. Wenn schon, dann berichte ich zusammenhängend."

„Na, hör mal...!" Willi mischte sich ein: „Könnt ihr euch nicht nach dem Essen streiten? Mir vergeht der ganze Appetit."

„Das wäre das erste Mal, daß du keinen Hunger hättest", versicherte ich ihm und fuhr fort: „Aber du hast recht. Lassen wir das bis später. Eric kann dann hinauf ins Büro gehen, wenn er noch zu tun hat, und ich werde eben dir erzählen, warum ich hier bin."

Um Erics Mundwinkel zuckte es leicht. Er begann also neugierig zu werden, fand es aber unter seiner Würde, mich zu fragen.

Das Essen war wie immer ausgezeichnet. Später saßen wir im Wohnzimmer vor dem flackernden Kaminfeuer und tranken einen Bourbon zur Verdauung. Willi grinste still vor sich hin, weil Eric sich zu uns gesellte, statt hinauf in sein Arbeitszimmer zu gehen.

„Na ja, so eilig habe ich es nun auch wieder nicht", sagte er und setzte sich zu uns. Er blickte mich an. „Nun?"

„Prost!" sagte ich und hob das Glas. „Auf den heutigen Abend."

„Wenn du jetzt nicht bald den Mund aufmachst", drohte Eric, „werden wir jetzt und hier die im letzten Jahr versäumte Äquatortaufe nachholen. Unten im Keller!"

Ich lehnte mich zurück und begann zu erzählen. Ich berichtete alles der Reihe nach, ohne jedoch die geheimnisvolle Angelegenheit mit der Nummer Eins auch nur zu erwähnen. Zu meiner Verwunderung wurde ich nicht ein einziges Mal unterbrochen. Erst als ich schwieg, meinte Eric:

„Das hört sich an wie eine Science-Fiction-Story. Bist du sicher, daß du nicht geträumt hast? Rückerinnerung an ein früheres Leben...! Südamerika, die Götter... es wäre ein phantastischer Zufall."

„Ich kann nur wiederholen, was ich mit meinen eigenen Ohren gehört habe, und der Hypnotiseur konnte gar nicht wissen, was ich eigentlich wollte. Die Beschreibung des Ortes war deutlich – der große Fluß im Norden, der See, der Berg, die Zwillingsgipfel und dann der Abbruch zum Rio Negro. Stimmt alles haargenau,"

Willi sagte: „Wir haben doch im Archiv die Photos von Ferdi, die er von seiner letzten Expedition mitbrachte. Darauf sind auch Berge zu sehen."

„Hol sie 'runter!" forderte Eric ihn auf, der ganz vergessen zu haben schien, daß er noch arbeiten wollte. „Allerdings machte er sie aus größerer Entfernung, weil er nicht näher heran konnte. Überhaupt scheint es fraglich, ob er gerade in dieser Gegend war, von der du sprichst."

Er versank plötzlich in tiefes Nachdenken, während Willi ging, um die Photos zu holen. Ich verhielt mich schweigsam und wartete ab. Die ersten Zweifel stiegen in mir hoch, ob ich nicht zu voreilig gewesen war. Eric würde es mir nie verzeihen, wenn ich ihn auf eine Fährte setzte, die sich später als falsch erwies. Auf der anderen Seite, so tröstete ich mich, lag die Entscheidung allein bei ihm. Ich selbst würde eine solche Expedition nie allein unternehmen.

Willi kam mit den Photos und breitete sie auf dem Tisch aus. Wir schoben alle beiseite, die vom Boot aus gemacht worden waren, das Ferdi und seinen indianischen Begleiter von Manaus aus nach Nordwesten gebracht hatte, später direkt nach Norden. Da die Bilder chronologisch geordnet waren, fiel es uns nicht schwer, die gesuchten schnell zu finden.

„Weiter sind sie nicht gekommen", murmelte Eric und betrachtete die Berggipfel, die nur undeutlich im Dunst zu erkennen waren. „Zwei nebeneinander? Ich sehe nur welche, die schräg hintereinander zu stehen scheinen."

„Die Perspektive!" erinnerte ich ihn. „Von der Hochebene aus müßten sie nebeneinander liegen. Auch von Süden her gesehen..."

Er starrte mich an und sah wieder auf die Photos.

Lange sprach niemand, dann meinte Willi lakonisch:

„Vielleicht sollten wir uns selbst davon überzeugen." Und als Eric ihn fragend anblickte, fügte er hinzu: „Indem wir hingehen."

Eric schob die Photos zur Tischmitte.

„Ihr seid verrückt!" Und im gleichen Atemzug: „Willi, sieh mal in der Agenda nach, ob wir in den nächsten Monaten wichtige Termine haben..."

Als die Vorbereitungen abgeschlossen waren, blieben mir noch fünf Monate. Ferdi in Manaus war informiert worden. Wir würden ihn in Ciudad Bolivar im Norden Venezuelas treffen, wo er auf uns wartete. Die Stadt lag am Orinoko, den wir für die Weiterfahrt benutzen wollten. Wir rechneten mit der Möglichkeit, tausend Kilometer mit dem Boot stromaufwärts fahren zu können, vielleicht auch mehr. Der Rest mußte zu Fuß zurückgelegt werden.

„Das wären dann noch gut zweihundert Kilometer", sagte Eric wohl zum zehnten mal, seit wir von Oslo gestartet waren und die Wolken unter uns zurückließen. Der Fußmarsch schien ihm die meisten Sorgen zu bereiten, und da war er nicht allein.

„Gut für das Gewicht", meinte Willi anzüglich und winkte der hübschen Stewardeß, um sich das erste Sandwich zu bestellen. Er konnte es sich leisten. „Außerdem müssen wir dann nicht soviel Vorräte mitschleppen."

Der Flug nach New York verlief angenehm wie immer. Nach kurzer Pause starteten wir dann nach Caracas, wo wir in der Nacht landeten und ins Hotel gebracht wurden. Dort erwartete uns eine überraschende Nachricht von Ferdi. Der Portier übergab uns einen Brief von ihm.

„Wahrscheinlich wegen des Privatflugzeugs nach Ciudad", vermutete Eric, während wir mit dem Lift nach oben fuhren. Unsere Zimmer lagen nebeneinander. „Da wird sich was beim Flugplan geändert haben."

Er öffnete den Brief erst, als wir die Türen hinter uns geschlossen hatten. Laut las er vor:

„Ich habe eine bessere Möglichkeit gefunden, die uns Zeit und Mühe erspart. Es ist mir gelungen, den Piloten der Maschine zu überreden, uns direkt bis Puerto Carreno zu bringen. Das liegt an der Mündung des Meta in den Orinoko. Der Bus bringt uns dann noch hundertfünfzig Kilometer weiter bis Samariapo, wo das Boot auf uns wartet. Der Orinoko ist bis hinter San Antonio schiffbar, unter günstigen Umständen noch weiter. Es gibt auch Straßen dort, fast bis ins Zielgebiet. Ist das nicht wunderbar? Ich grüße Euch. Bis gleich. Ferdi.

P.S.: Ich wohne übrigens in Zimmer 407."

Eric ließ den Brief sinken und sah uns an. „Das ist das Zimmer nebenan! Dieser Ferdi ist nicht zu fassen! Wecken wir ihn, er hat es nicht anders verdient."

In dieser Nacht kamen wir erst ins Bett, als es bereits wieder hell wurde. Dabei waren wir alle so müde wie junge Hunde nach dem ersten Herumtollen.

Nach einem Ruhetag fuhren wir zum Flugplatz, wo in einem kleinen Hangar abseits des Hauptbetriebs die von Ferdi gecharterte Maschine stand. Der Pilot war ein Halbblut und hieß Juan. Er machte einen zuverlässigen Eindruck und sprach auch etwas englisch. Wir überzeugten uns davon, daß in der Kabine ein Kühlschrank mit entsprechenden Getränken vorhanden war, und vereinbarten den Start für den kommenden Vormittag.

„Wie geht es nun genau weiter?" erkundigte sich Eric, als wir nach dem Abendessen in der Hotelbar saßen. Außer uns war, von dem Barkeeper abgesehen, niemand sonst anwesend. „Hast du eine Karte?"

Ferdi nickte und zog sie aus der Tasche. Er schien auf diesen Augenblick gewartet zu haben. Behutsam breitete er das Prachtstück auf dem Tisch aus.

„Hier also ist Fuerto Carreno, vierhundertfünfzig Kilometer Luftlinie südlich von hier. In zwei Stunden sind wir da. Etwas länger werden wir dann mit dem Bus nach Puerto Ayacucho brauchen, wenn das auch kaum achtzig Kilometer sind. Von da gibt es eine gute Straße bis nach Samariapo mit normaler Verkehrsverbindung. Dort wartet das Boot. Am Gebirge vorbei werden wir damit stromaufwärts fahren, passieren San Fernando, Santa Barbara, ein paar weitere Ansiedlungen und landen in San Antonio, wo das Boot bis zu unserer Rückkehr bleibt."

Eric tippte auf die Karte.

„Und dann? Es sind keine Straßen eingezeichnet, und der Orinoko sieht noch ganz gut und schiffbar aus."

„Das läßt sich erst in San Antonio richtig beurteilen. Ist der Wasserstand hoch genug, können wir noch hundertzwanzig Kilometer weiterfahren, bis nach Piedra Lais. Und wenn wir unverschämtes Glück haben, sogar bis zum See Mavaca. Aber dann scheint endgültig Schluß zu sein. Das Gebirge beginnt, und damit Stromschnellen oder Wasserfälle. Aber vom See aus bis zur Sierra Imeri ist es dann nur noch ein Katzensprung."

„Wie weit springen die Katzen bei dir?" fragte ich.

Er grinste. „Höchstens hundert Kilometer."

„Was machen wir bei niedrigem Wasserstand?"

„Dann treiben wir in San Antonia oder in Piedra Lais ein Fahrzeug auf. Von dort aus gibt es Wege nach Süden zu den Siedlungen...", er wanderte mit dem Zeigefinger über die Karte, „...Caspibara, Paciba, El Mango und Santa Rosa. Von da ist es auch nicht mehr weit bis zu unserem Ziel, vielleicht zweihundert Kilometer."

„Also zwei Katzensprünge", meinte Willi etwas säuerlich.

„Wir werden es schon schaffen", blieb Ferdi zuversichtlich und warf einen Blick auf seine Uhr. „Ich gehe schlafen. Wir haben einen langen Tag vor uns."

Wir tranken aus und folgten seinem Beispiel.

Man könnte sich nun abermals fragen, was die Reise zu den Indianern mit der eigentlichen Geschichte und mit der geheimnisvollen Nummer Eins zu tun hat. Nur Geduld, sie hat sehr viel damit zu tun und trägt dazu bei, eine wichtige Frage zu beantworten. Die Frage nämlich, warum keine handfesten Beweise für das einstige Vorhandensein einer technischen Zivilisation auf unserer Welt gefunden werden – oder warum sie wieder verschwinden.

Unser Flugzeug landete auf der holprigen Lehmpiste von Puerto Carreno und rollte aus. Es handelte sich offensichtlich um eine der Nebenbahnen für den Privatverkehr. Der Pilot erhielt sein Geld und startete sofort wieder, als herrsche in der Stadt die Cholera.

Es war noch früh am Tag, also versuchten wir, die Bushaltestelle zu finden, nachdem wir kein Taxi hatten auftreiben können. Unser reichhaltiges Gepäck fiel natürlich auf, und kaum waren wir hundert Meter gegangen, als neben uns ein klappriger Ford aus den Anfängen des Jahrhunderts anhielt und sich ein Indio zu uns herausbeugte. Er sagte etwas, das ich nicht verstand, aber Ferdi kannte sich mal wieder aus.

„Will er uns mitnehmen?" erkundigte sich Eric begierig und aus allen Poren schwitzend.

„Bis nach Samariapo", gab Ferdi triumphierend Auskunft. „Wir können einladen."

„Das kostet uns ein Vermögen", befürchtete Willi, „und zweitens weiß ich nicht, ob der Karren mehr als ein Dutzend Kilometer aushält, ohne auseinanderzufallen."

„Das Risiko nehme ich auf mich", entschied Eric und wartete, bis unser Fahrer den Kofferraum öffnete, der die Hälfte des Gepäcks aufnahm. Den Rest nahmen wir auf den Schoß.

Es wurde in der Tat eine denkwürdige Autofahrt.

Gleich kurz vor der Mündung des Meta überquerten wir den Orinoko auf einer Fähre, die jeden Augenblick unterzugehen drohte. Das Wasser umspülte die Räder unseres Autos, aber unser Fahrer grinste nur, als er unsere besorgten Gesichter bemerkte.

Die Straße bis nach Puerto Ayacucho war in der Tat recht gut, nur ging uns auf halber Strecke das Benzin aus. Wir rollten noch ein Stück und blieben dann stehen. Es war schon Nachmittag, und weit und breit sahen wir kein Haus. Unser Fahrer grinste wie üblich, aber davon sprang der Motor auch nicht wieder an. „Frage ihn, was er zu tun beabsichtigt", forderte Eric Ferdi auf. „Gibt es hier irgendwo eine Tankstelle?"

Ferdi unterhielt sich mit dem Indio und schien sich endlich mit ihm geeinigt zu haben. Er sah aber nicht gerade sehr fröhlich aus, als er uns mitteilte: „Ja, die Sache ist so: Wir sind noch etwa zehn Kilometer von Ayacucho entfernt, dort gibt es Benzin."

„Sollen wir bis dahin die Koffer schleppen oder den Wagen schieben?"

„Natürlich nicht. Er geht und holt Benzin."

„Zehn Kilometer? Dann ist er vor der Nacht nicht zurück."

„Wir warten hier und machen es uns gemütlich. Er hat das Tanken vergessen, das ist alles. Er meint, es wäre alles so überraschend gekommen. Seht doch nach rechts, Freunde – der Orinoko! Ein herrlicher Anblick. Jetzt haben wir endlich Zeit, ihn zu genießen."

Eigentlich hatte Ferdi recht, sagten wir uns nach kurzer Beratung, deren Ergebnis ohnehin nichts an den Tatsachen änderte. Unser Fahrer war schon längst mit einem Kanister unterwegs. Er hatte uns doch versichert, daß mit Bestimmtheit heute kein anderes Auto mehr vorbei käme, da Feiertag sei. Man schien hier also nur werktags mit dem Auto unterwegs zu sein.

Links der Straße stiegen die Hänge zur Sierra Guanay an, rechts erstreckte sich auf der anderen Seite des Orinoko eine grüne Ebene bis zu den Bergen am Horizont. Alles wirkte sehr friedlich und geordnet, aber ich wußte, daß der Urwald aus der Ferne immer so wirkte.

Wir verließen den engen Wagen und machten es uns auf Decken gemütlich. Willi und ich tranken eine Flasche warmes Bier und verzehrten eine Dose Corned beef. Eric verzichtete. Ferdi gab sich mit einem Stück Hartwurst zufrieden.

Langsam begann es zu dunkeln. Schon längst schwitzte keiner mehr von uns, denn es wurde kühl, obwohl wir uns nur sechs Grad nördlich des Äquators aufhielten. Eric schielte schon auf die eingepackten Schlafsäcke, als weit im Süden auf der Straße eine menschliche Gestalt auftauchte, die sich uns im Dauerlauf näherte.

Unser Fahrer mit dem Kanister!

Er wurde von uns begrüßt, als sei er der Herrscher eines mächtigen Reiches und gekommen, uns Entwicklungshilfe anzubieten. Gerührt durch den Empfang, füllte er das Benzin ein, half uns beim Einladen und nahm dann hinter dem Steuer Platz. Ferdi übersetzte:

„Er wird an der Tankstelle volltanken, dann können wir gleich bis Samariapo durchfahren, wo es ein gutes Hotel gibt. Der gute Mann ist in drei Stunden zwanzig Kilometer gelaufen, also tun wir ihm den Gefallen."

„Er bekommt auch ein extra Trinkgeld", versprach Eric großzügig.

„Und wann sind wir im Hotel?"

„Gegen Mitternacht."

„Hoffentlich schläft da nicht schon alles..."

Samariapo war ein Kaff, so schätzte ich, mit kaum mehr als tausend Seelen, aber das Hotel war annehmbar. Inzwischen wird man es weiter ausgebaut haben, aber wir holten uns das Wasser noch mit Eimern aus dem Brunnen im Hof. Eric ertrug das alles mit stolzer Würde und entsann sich dabei, daß er den Bereich der Zivilisation schon verlassen hatte. Aber ihre Spuren gab es noch hier – oder besser: schon.

Nach einem erquickenden Schlaf bis zwölf Uhr mittags begaben wir uns nach dem Frühstück zum Hafen, um unser Boot zu besichtigen. Ferdi hatte das alles organisiert, aber wir erfuhren niemals, wie er das bewerkstelligt hatte. Jedenfalls lag das Boot an einem Anlegesteg, und der Kapitän und Eigentümer kam uns freudestrahlend entgegen – ein hundertprozentiger Indio. Er hieß Ratunko. Nicht mehr und nicht weniger.

Ich fiel bald um vor Erstaunen, als sich herausstellte, daß er auch deutsch sprach. Natürlich auch englisch und spanisch. Er gebrauchte alle drei Sprachen durcheinander, so daß wir ihn bestens verstanden.

Später erst fand ich heraus, daß er als Seemann in vielen Ländern gewesen war und in Hamburg ein oder zwei Jahre als Mechaniker gearbeitet hatte. Dann hatte es ihn jedoch in die alte Heimat zurückgezogen, in der er nun so eine Art „Kleiner König" geworden war. Er besaß ein großes Flußboot, das zwischen Samariapo und Ciudad Bolivar verkehrte und die Ansiedlungen mit den notwendigsten Gütern versorgte. Nebenbei vermietete er zwei altersschwache Autos an wohlhabende Indios oder gelegentlich auftauchende Fremde, die in der Gegend Diamanten vermuteten, aber nie welche fanden. Und dann besaß er noch sein „Wildnisboot", wie er es nannte, mit dem er selbst über Untiefen bis zu einem halben Meter hinwegkam.

Das war „unser" Boot. Es war etwa sieben Meter lang und ungewöhnlich breit, was auf ein großes Fassungsvermögen hindeutete. Ein Gestänge ließ vermuten, daß man ein Sonnensegel anbringen konnte, oder auch ein Regendach, wenn die Umstände es erforderten. Die flache Bauweise des Bootskörpers ließ auf geringen Tiefgang schließen.

Wir erkundigten uns nach dem Wasserstand. Ratunko sagte:

„Wir werden sehr weit stromaufwärts fahren können, denn die Flüsse führen mehr Wasser als sonst. Es hat viel geregnet in den Bergen. Mein Motor ist kräftig, er schafft auch Stromschnellen. Aber die gibt es erst hinter Piedra Lais, wenn die Berge näherrücken. Weiter südlich liegt das alte Gebiet meines Stammes."

Wir blieben noch einen weiteren Tag in Samariapo, frischten unseren Proviant auf, verluden das Gepäck und verbrachten die erste Nacht an Bord unseres Schiffes, um uns an die Hängematten zu gewöhnen, die sich zwischen den Stangen leicht aufhängen ließen.

Am anderen Morgen sprang der Motor beim ersten Versuch an, das Boot legte ab und drehte mit dem Bug gegen die nicht starke Strömung.

Am Ufer standen ein paar Dutzend Eingeborene, die uns stumm nachblickten und dann in ihre ärmlichen Behausungen zurückkehrten.

Wir legten die knapp dreihundert Kilometer bis San Antonio in sechs Tagen zurück. In der kleinen Ansiedlung lagerten Fässer mit Treibstoff, die Ratunko gehörten. Wir blieben nur eine Stunde, dann fuhren wir weiter. Wir hatten keinen Tag mehr zu verschenken.

Nach weiteren fünfzig Kilometern wurde der Orinoko ein wenig schmaler und die Strömung stärker. Es gab einige harmlose Stromschnellen, die unser Kapitän nicht einmal zur Kenntnis nahm. Ferdi studierte pausenlos die Karte und verglich sie mit den tatsächlichen Gegebenheiten. Er schien zufrieden zu sein.

Eric lag meist vorn auf dem Vorderdeck und blickte in Fahrtrichtung. In seinen Augen funkelten Unternehmungslust und Erwartung. Willi und ich blieben in der Nähe Ratunkos, der immer wieder unsere Fragen beantworten mußte.

In Piedro Lais blieben wir einen Tag. Ratunko wurde sofort von den Dorfbewohnern umringt. Sie schienen ihn alle zu kennen. Er winkte uns zu und verschwand mit ihnen zwischen den Hütten.

Wieder schliefen wir im Boot und waren erleichtert, als der Indio am nächsten Morgen rechtzeitig und wie vereinbart zurückkehrte.

„Selbst der Mavaca führt genügend Wasser – wir haben Glück. Wir werden bis zum See fahren können. Freunde von mir waren noch vor einigen Tagen dort, um zu fischen."

Immer noch floß der Orinoko durch ein weites Tal. Auf beiden Seiten wurde es von Bergen begrenzt. Die Strömung blieb erträglich, aber wir kamen langsamer voran als bisher. Ratunko machte uns darauf aufmerksam, daß wir bald drei größere Stromschnellen zu passieren hätten. Es würde vielleicht nötig sein, daß wir aussteigen und schieben müßten.

Eric blickte auf.

„Aussteigen und schieben?" vergewisserte er sich.

Ferdi griff schnell ein, um Mißverständnisse zu vermeiden. Während Ratunko das Boot in die Einmündung des Mavaca lenkte, sagte er:

„Es sind noch fünfzig Kilometer bis zum See. Wenn wir eine der Stromschnellen wirklich nicht mit dem Motor allein schaffen, nehmen wir einfach ein Bad. Das Wasser ist zwar kühl, denn es kommt aus den Bergen, aber was soll's? Wir müssen das Boot erleichtern, sonst bleiben wir an den Klippen hängen."

Kommt Zeit, kommt Rat, dachte ich nur.

Die erste Stromschnelle kam noch vor Dunkelwerden in Sicht. Schon von weitem kündigte sie sich durch immer lauter werdendes Rauschen an, das schließlich zu einem infernalischen Brausen wurde. Heimlich beobachtete ich den Indio am Ruder, aber der verzog keine Miene. Das beruhigte mich ungemein.

Eric warf mir einen besorgten Blick zu, und ich zuckte mit der Schulter. Was sollte ich sonst tun? Alles ging gut. Das Wasser war tief genug, der Motor stark. Ratunko umschiffte die Klippen mit einer Perfektion, die mir Hoffnung einflößte – und natürlich Vertrauen.

In einer ruhigen Bucht ankerten wir, ohne an Land zu gehen. Es sollte hier giftige Schlangen und gefährliche Raubameisen geben. Außerdem waren wir viel zu müde, einen Lagerplatz zu suchen und die Konserven am Feuer zu wärmen. Wir aßen kalt, kletterten in die Hängematten und wickelten uns in die Decken.

Kurz nach Sonnenaufgang ließ Ratunko den Motor an und holte den Anker ein. Das Wasser war ruhig, aber allmählich wurde die Strömung wieder stärker. Von weitem schon konnten wir die nächste Stromschnelle hören. Und diesmal mußten wir ins Wasser und schieben. Es bereitete unserem Bootsführer sichtliches Vergnügen, am Ruder sitzenzubleiben und Kommandos zu brüllen.

Willi hätten wir beinahe verloren, als er auf einem glitschigen Stein ausrutschte und sich im letzten Augenblick an der Bordkante festhalten konnte. Er war ziemlich blaß, als er ins Boot zurückkletterte, nachdem wir die Klippen hinter uns ließen.

Als wir am späten Nachmittag aus der Ferne die dritte Stromschnelle vernahmen, sagte Ratunko: „Hinter ihr ist der Abfluß des Sees. Wir erreichen ihn noch heute abend."

Ich sah auf Ferdis Karte. „Warum fahren wir nicht einfach den Mavaca weiter aufwärts? Seine Quelle ist ungefähr dort, wo wir hinwollen."

„Nach dem Seeausfluß besteht er nur noch aus Wasserfällen und Klippen", erklärte Ratunko. „Mit dem Boot ist da nichts mehr zu machen. Ihr müßt zu Fuß weiter, immer nach Süden."

Für die letzte Stromschnelle brauchten wir volle zwei Stunden. Immer wieder mußten wir eine Verschnaufpause einlegen, doch dann befanden wir uns plötzlich ganz ohne Übergang in ruhigem Wasser. Von rechts kam ein Nebenfluß, so gradlinig wie ein Kanal. Ratunko lenkte das Boot in ihn hinein. Wenig später verbreiterte sich das Gewässer zu einem See.

Wir verbrachten die Nacht diesmal an Land. Das Seeufer war ein wenig erhöht und trocken. Ratunko half uns beim Ausladen des Gepäcks, gab Ferdi letzte Ratschläge und versprach, in genau drei Wochen hier an dieser Stelle auf uns zu warten.

Ich schlief nicht besonders gut in dieser Nacht. Der Gedanke, daß der schwierigste Teil des Unternehmens noch vor uns lag, ließ mir keine Ruhe. Aber Ratunkos Schreiben mit den seltsamen Schriftzeichen, das er uns mitgab und das wir den Indianern vorzeigen sollten, erfüllte mich wieder mit Zuversicht, so daß ich doch endlich einschlief.

Wir folgten dem Lauf des Mavaca, dessen Tal zu einem engen Cañon wurde. Das Rauschen des schnell dahinströmenden Wassers war bis hinauf zum Rand der Hochebene zu hören, die wir in südlicher Richtung durchquerten. Am Horizont waren die Gipfel der Berge zu erkennen, hinter denen es hinab zum Rio Negro ging.

Mittags wurde es trotz der Höhe, in der wir uns aufhielten, recht warm, und wir machten im Schatten einer Baumgruppe Rast.

„Wie weit ist es noch bis zu der Siedlung, von der Ratunko sprach?" fragte Eric und wischte sich den Schweiß von der Stirn.

„Etwa zwanzig Kilometer", schätzte Ferdi nach einem Blick auf seine Karte. „Dort treffen wir Catschu, der uns begleiten wird. Er ist Ratunkos Freund und war schon oft in der Zivilisation."

„Schaffen wir das bis zum Abend?"

„Wenn wir nicht zu lange hier liegen bleiben und faulenzen, vielleicht."

Jeder trug etwa dreißig Kilo Gepäck auf dem Buckel, Ferdi dazu noch die Winchester, die er bei derartigen Unternehmungen immer dabei hatte. Trotzdem kamen wir gut voran, und als es bereits zu dämmern begann, tauchten vor uns die ersten Hütten auf. Auf einem freien Platz loderte ein Feuer. Gestalten bewegten sich wie Schatten hin und her.

Ferdi rief einige indianische Begrüßungsworte und wedelte mit Ratunkos Botschaft. Die Männer des Dorfes Aracamuni kamen uns entgegen, mißtrauisch zuerst, dann aber mit freundlichen Mienen. Sie mußten uns erwartet haben.

Es gab ein großes Palaver am Lagerfeuer, bei dem Catschu das Wort führte. Er war so etwas wie ein Verbindungsmann zur Welt der Weißen. Wie seine Stammesgefährten trug er Leinenhosen und ein buntes Hemd. Die Frauen zeigten sich stolz in ihren billigen Konfektionskleidern.

Catschu sprach spanisch mit uns. Er führte uns später in eine sauber aufgeräumte Hütte und meinte, dies sei nun unser Hotel. Er wechselte noch einige Worte mit Ferdi, ehe er verschwand.

Wir redeten nicht mehr viel, sondern breiteten unsere Decken auf dem festen Lehmboden aus, krochen in die Schlafsäcke und verschlossen sie bis zum Hals. Lange noch hörten wir dem Reden der Männer draußen am Feuer zu, und besonders Catschus unverwechselbares Organ schien keine Pausen zu kennen.

Nach zwei Tagen erreichten wir den Fuß der Bergkette, der die Grenze zwischen Venezuela und Brasilien bildete. Unablässig hielt ich Ausschau nach den beiden Gipfeln, deren Beschreibung so deutlich gewesen war, daß ein Irrtum so gut wie ausgeschlossen sein mußte. Aber ich sah soviel einzelne und auch dicht nebeneinander liegende Gipfel, daß ich ganz verwirrt wurde.

Ferdi bemerkte meine Unruhe.

„Es ist noch zu früh. Wir müssen auf die andere Seite der Berge. Sie bilden die Wasserscheide. Der erste Fluß drüben müßte der Cauaburi sein; er mündet in den Rio Negro. Dort beginnt auch wieder der Urwald. Wenn wir in der Ebene vor den Ufern dieses Flusses zwei besonders auffällige Gipfel entdecken, sind wir am Ziel."

„Wie Kamelhöcker, mit flachen Gipfelplateaus", murmelte ich.

Catschu schien die Gegend wie seine Hosentasche zu kennen. Auf Anhieb fand er den Paß, der durch die Berge führte. Es gab sogar so etwas wie einen Pfad, dem wir nur zu folgen brauchten. Wir übernachteten unter einem Überhang und brachen früh am anderen Morgen wieder auf.

Vor uns lag die Sierra Emeri.

Es handelte sich keineswegs um das, was ich mir unter einer Ebene vorstellte. Hügeliges Bergland war die zutreffende Bezeichnung. Irgendwo weiter östlich entsprang der Cauaburi, der zuerst nach Westen und dann südlich floß. Das Zielgebiet mußte in der Nähe seiner Quelle liegen.

„Wir haben es mit einem verwandten Stamm der Piaroa-Indianer zu tun", erklärte Catschu, als wir unseren Marsch in südöstlicher Richtung fortsetzten. „Mein Dorf hat Verbindung zu ihm. Es ist ein friedlicher Stamm."

Es dunkelte schon, als wir in der Ferne Rauch aufsteigen sahen.

„Das ist ihr Dorf", sagte Catschu. „Sie erwarten uns."

Eric warf ihm einen erstaunten Blick zu. Catschu lächelte.

„Ihr habt nachts die Trommeln nicht gehört."

Der Cauaburi war ein breiter Bach mit glasklarem Wasser. Wir folgten seinem Lauf, bis die ersten Hütten vor uns auftauchten. Sie standen auf einem flachen Plateau, von Feldern und Baumgruppen umgeben, die wohl Reste des einstigen Urwalds waren.

Während meine Begleiter das Dorf und die Eingeborenen beobachteten, die uns langsam und vorsichtig entgegenkamen, sah ich nach links, hinüber zu den Bergen. Vor der eigentlichen Kette erhoben sich zwei Kuppen aus der hügeligen Hochebene. Sie erinnerten an die Höcker eines Kamels und waren oben stark und abgeflacht.

Das war kein Zufall!

Jene junge Frau in München, die Europa niemals verlassen hatte, mußte diese beiden Berge gesehen haben, sonst wäre die präzise Beschreibung nicht möglich gewesen.

Wir waren am Ziel unserer Reise angelangt.

Häuptling Chintero begrüßte Catschu besonders freundlich, denn er hatte dessen Vater noch gekannt. Eric, Ferdi, Willi und mich behandelte er mit einer gewissen Würde, mit der er seinen Respekt vor den Fremden zu überdecken versuchte. Natürlich ahnte er nicht den wahren Zweck unseres Hierseins, aber er war sichtlich stolz, daß ihn die Weißen aus der Zivilisation besuchten.

Als wir unsere Hängematten in der Hütte aufgespannt hatten, sagte ich leise:

„Ich habe die beiden Berge gefunden, Eric. Sie sehen genauso aus, wie sie mir beschrieben wurden. Ein Irrtum ist ausgeschlossen. Sie liegen nördlich, gute fünf Kilometer entfernt."

„Ist es nun der rechte oder der linke?" fragte er und deutete damit an, daß er sie auch bemerkt hatte.

„Es müßte ein Tempel oder eine Pyramide auf dem Gipfelplateau sein. Wir können ja morgen Chintero fragen."

„Das fiele auf. Aber laß mich nur machen. Der Oberpriester ist schon die ganze Zeit immer um mich herumgeschlichen. Ich werde ihm morgen von den Pyramiden in Ägypten und Mexiko erzählen, vielleicht weckt das seinen Ehrgeiz."

„Ganz schön raffiniert", meinte Willi, bevor er einschlief.

Ich träumte in der Nacht von den unmöglichsten Dingen und war am anderen Morgen alles andere als ausgeschlafen. Hinzu kam, daß die Piarontas, wie sie sich selbst bezeichneten, mit dem ersten Hahnenschrei aus ihren Hütten krochen und einen Höllenlärm verursachten. Einige der Männer gingen auf die Jagd, während die Frauen damit begannen, einen Holztrog mit allerlei verdächtig aussehendem Zeug zu füllen und mit den Füßen darin herumzustampfen. Mir schwante Böses.

Ferdi sagte schadenfroh zu mir:

„Du brauchst nicht auf dein Bier zu verzichten, die da sind nämlich dabei, welches herzustellen. Der Brei muß schon längere Zeit gegoren haben. Wahrscheinlich gibt es heute ein Fest zu unseren Ehren."

„Eine gute Gelegenheit, den Oberpriester betrunken und redselig zu machen", meinte Eric.

Der Tag verging mit Faulenzen, was mir nur recht sein konnte. Immer wieder wanderten meine Blicke hinüber zu den beiden Bergen, von denen einer vielleicht das größte Geheimnis aller Zeiten barg, den Beweis nämlich, daß es die Reinkarnation wirklich gab und daß die Erde einst Besuch aus dem Weltraum gehabt hatte.

Willi holte die Kamera aus dem Gepäck und photographierte alles, was ihm vor die Linse kam.

Ich mußte immer wieder an das Medium in München denken. Am Fluß sei es heiß, hatte sie behauptet. Aber das Dorf lag an einem Bach, und so heiß wie in den Niederungen war es auch nicht. In dreizehn Jahrtausenden konnte sich das Klima entsprechend geändert haben, oder die Piarontas waren erst später aus der Tiefebene hierher ausgewandert.

Als die Sonne unterging und das Fest begann, sah ich hinüber zu den beiden Kuppen. Die rechte war schon dunkel, während die linke noch von den letzten Strahlen angeleuchtet wurde. Auch das stimmte!

Mitten auf dem Dorfplatz loderte ein riesiges Feuer, über dem Fleischstücke brutzelten. Chintero ließ den Krug mit dem Bier kreisen, während die jungen Männer unter Anleitung der Priester tanzten. Das Getränk schmeckte nach allem möglichen, nur nicht nach Bier. Aber es enthielt zweifellos Alkohol und zeigte seine Wirkung.

Ferdi und ich verwickelten Chintero in ein Gespräch und versuchten zu erfahren, ob er etwas über alte Sagen und Überlieferungen seines Stammes wußte. Zu unserem Bedauern wurde der Häuptling plötzlich sehr schweigsam und war bald so betrunken, daß er nur noch lallte und schließlich im Sitzen einschlief.

Eric schien mehr Glück zu haben. Nachdem der Tanz beendet war und auch die jungen Männer ans Bier durften, sah ich ihn mit dem Oberpriester zwischen den Hütten verschwinden. Sie unterhielten sich angeregt, aber ich konnte kein Wort verstehen.

Gegen Mitternacht schleppten ein halbes Dutzend Frauen den Häuptling in seine Hütte, und damit war das Fest beendet. Auch wir zogen uns zurück und fanden zu unserem Erstaunen Eric bereits in seiner Hängematte. Sein fröhliches Grinsen ließ Erfolg vermuten.

Es war ihm tatsächlich gelungen, dem Oberpriester wichtige Informationen zu entlocken. So sollte sich auf dem Gipfelplateau des linken Berges die von Unkraut überwucherte Ruine eines alten Tempels befinden, der von den „Urvätern" errichtet worden war. Einstmals ein heiliger Ort, kümmerte sich heute niemand mehr darum. „

Weiter im Norden, am Fuß der Bergkette, sind die Eingänge zu gewaltigen Höhlen, die noch nie jemand erforschte. Die Sage berichtet, daß sie nur dann betreten werden dürfen, wenn das Ende der Welt naht. Da es so aussieht, als könne das nicht mehr allzu lange dauern, schlage ich vor, daß wir uns die Sache mal ansehen."

Trotz der späten Stunde entwickelte sich noch eine lebhafte Diskussion, aber dann wurden wir von der Müdigkeit übermannt. Es wurde ruhig in der Hütte, und schließlich schliefen wir ein.

Catschu und zwei junge Männer begleiteten uns am nächsten Tag zu den beiden Bergen. Sie trugen unsere leichten Zweimannzelte, die Schlafsäcke und etwas Proviant, da wir nicht sicher waren, ob wir noch am selben Tag ins Dorf zurückkehren würden.

Wir folgten dem wenig benutzten Fußpfad und begannen eine Stunde später mit dem Aufstieg, der nicht beschwerlich war, und erreichten schließlich das Plateau. Bis auf eine kaum zwei Meter hohe kuppelförmige Steinanhäufung, die mich an ein Hünengrab erinnerte, war es fast eben.

Schon auf den ersten Blick waren die von Menschenhand bearbeiteten und jetzt verwitterten oder geborstenen Felsstücke zu erkennen, aus denen einst der Tempel errichtet worden war. Sie waren mit einer Humusschicht bedeckt, die Gras, Unkraut und kleinen Büschen reichlich Nahrung bot.

Ziemlich ratlos sahen wir uns an.

„Bis wir die Brocken beiseite geräumt haben, können Wochen vergehen", befürchtete Willi. „Wir haben nicht mal Werkzeug dabei."

„Aber unsere Hände", hielt Eric ihm entgegen. Er bückte sich und rollte einen Stein beiseite. „Seht ihr, es ist gar nicht so anstrengend."

Die drei Indios mußten uns für verrückt halten, aber sie halfen uns bereitwillig, als wir sie dazu aufforderten. Bereits am späten Nachmittag hatten wir einen Gang freigelegt, der schräg nach unten in den Hügel hineinführte. War der Tempel unterkellert gewesen?

Der Gang war so eng, daß man kriechen mußte. Da wir alle reichlich müde und erschöpft waren, beschlossen wir, die Nacht auf dem Plateau zu verbringen und erst morgen in den unterirdischen Tempelraum einzudringen.

Catschu hatte Holz gesammelt und ein Feuer gemacht. Wir verzehrten den Inhalt mehrerer Dosen mit Fleisch und Bohnen, tranken von dem mitgebrachten Wasservorrat und fühlten uns danach besser. Der Muskelkater aber blieb.

„Der Tempel wurde damals über einem Hohlraum errichtet, das steht fest. Wahrscheinlich ist er zum Teil verschüttet. Morgen werden wir es wissen." Eric sah Ferdi an. „Vielleicht kann Catschu die beiden Indios fragen, was sie von dem Tempel wissen. Möglich, daß sie gesprächiger sind als die Priester."

Diese Hoffnung erfüllte sich leider nicht. Sie schienen auch nicht mehr zu wissen als das, was wir schon erfahren hatten. Enttäuscht zogen wir uns später in die Zelte zurück. Catschu und die beiden Piarontas blieben am Feuer sitzen und breiteten dort ihre Schlafdecken aus.

Ich konnte nicht sofort einschlafen, denn ich war viel zu aufgeregt. Morgen würde sich viel entscheiden, und wenn meine phantastische Theorie sich als Fehlschlag erwies, würde ich einiges von meinen Freunden zu hören bekommen. Aber die unberührten Trümmer des Tempels bewiesen, daß niemand vor uns hier gewesen war.

Die Sonne war kaum aufgegangen, als wir uns am immer noch brennenden Lagerfeuer versammelten und frühstückten. Dann aber verloren wir keine Minute mehr. Eric ließ es sich nicht nehmen, als erster in den Gang hineinzukriechen, was Willi zu der Bemerkung veranlaßte, das geschehe nur zu unserer Sicherheit, denn wenn er durchkäme, kämen wir mit Bestimmtheit auch durch.

Im Schein der Taschenlampe blickten wir, nachdem sich der vorher so enge Gang beachtlich erweitert hatte, in einen Raum, der mit herabgestürzten Steinen halb angefüllt war. In der Mitte jedoch lag ein Quader, dem sofort anzusehen war, daß er von Anfang an hierher gehört hatte.

Catschu und die beiden Piarontas hatten es vorgezogen draußen zu bleiben, also begannen wir damit, die Trümmer selbst wegzuräumen, um den Quader freizulegen. Eric leuchtete ihn ab.

„Die Linien!" sagte er und deutete auf die Seite, die uns zugewandt war. „Sieht aus wie eine Klappe..."

Jetzt sahen wir es auch. Die Linien bildeten ein Quadrat von zwanzig Zentimetern Kantenlänge.

„Sieht aus wie ein Safe", meinte Willi und warf mir einen Blick zu, der soviel besagte wie: Mensch, solltest du doch recht haben?

Unsere Hände und Finger tasteten behutsam über den Steinblock, wobei wir übereinstimmend feststellten, daß die vermutliche Klappe nicht aus Stein bestand, wenn sie auch so aussah. Aber das, was wir alle suchten, fanden wir nicht: eine Erhebung oder eine Vertiefung, die auf einen Öffnungsmechanismus schließen ließ.

Willi, der nun die Taschenlampe hielt, richtete den stark gebündelten Schein auf das Zentrum der Klappe – aus Zufall, wie er später zugab. Der Licht- und Wärmeeinfall wirkte mindestens zehn Sekunden lang auf den geheimnisvollen Verschlußmechanismus ein und setzte durch Umwandlung in elektrische Energie die eingebaute Maschinerie in Gang – so rekonstruierten wir später den ganzen Vorgang. Diese Tatsache bestärkte uns alle in der Überzeugung, daß die Klappe nur dann geöffnet werden konnte, wenn die Menschheit ein gewisses technisches Niveau erreicht hatte.

Unendlich langsam glitt die „Schublade" auf.

In ihr lag ein silbern schimmernder Würfel mit einer Kantenlänge von etwa zehn Zentimetern. Sonst nichts.

Ich glaube, mir stockte für viele Sekunden der Atem, denn vor mir lag genau das, was unser Medium in München beschrieben hatte, ohne etwas über die Funktion aussagen zu können. Ein Metallwürfel jedenfalls, von dem kein lebender Mensch auch nur das geringste wissen konnte.

„Und was jetzt?" fragte Eric heiser.

Ferdi griff in die Lade.

„Mein Gott, ist der schwer! Massiv, nehme ich an."

„Ein Metallwürfel ohne jede Funktion?" zweifelte Eric.

„Er ist mehr", sagte ich überzeugt. „Er hat eine Funktion, und zwar eine ganz bestimmte. Welche, das weiß ich auch nicht, aber die Fremden die ihn hier verbargen, taten es nicht ohne Grund. Sie wollten wissen, wann er gefunden wird, und können dann ihre Schlüsse ziehen."

„Ein Sender?"

„Vielleicht etwas in dieser Richtung. Es ist möglich, daß er schon jetzt seine Signale abstrahlt. Legen wir ihn zurück oder nehmen wir ihn mit?"

Eric nahm Ferdi den Block ab und drückte ihn an seine Brust.

„Wir verstecken ihn im Gepäck. Auch die Indios dürfen nichts davon erfahren. Der Oberpriester würde sie gegen uns aufhetzen."

Als wir zurück auf dem Plateau waren, stand die Sonne fast senkrecht über uns. Catschu erhob sich und ging uns entgegen. Ferdi erklärte ihm, daß wir von der Tempelruine tief beeindruckt seien. Nun möchten wir aber noch die Höhlen sehen.

Catschu stimmte zu. Wir packten zusammen und hofften, den Fuß der Gebirgskette noch vor Sonnenuntergang zu erreichen.

Wir verbrachten die Nacht unter einem schützenden Felsüberhang und im Bereich des wärmenden Feuers. Die ersten Sonnenstrahlen weckten uns auf. Ein nahe vorbeifließendes Rinnsal erlaubte den Luxus des Waschens und löschte den Durst. Dann erst sahen wir uns um und suchten die Höhlen.

Catschu hatte sich lange mit den beiden Indios unterhalten und gesellte sich zu uns.

„Es sind mehrere Eingänge. Die Büsche am Hang verbergen sie. Wir müssen allein gehen, die beiden dort wollen hier bleiben."

Ferdi machte ein besorgtes Gesicht, weil er den Metallwürfel in seinem Gepäck versteckt hatte. Willi sprang ein.

„Ich bleibe auch hier", bot er an. „Habe keine Lust, in kalten Höhlen herumzukriechen."

Ohne unsere Antwort abzuwarten, setzte er sich zu den beiden Indios ans Feuer. Beruhigt konnten wir nun Catschu folgen, der voranging.

Insgesamt betraten wir drei Höhlen, von denen sich ohne entsprechende Hilfsmittel nicht feststellen ließ, ob sie natürlichen oder künstlichen Ursprungs waren. Die lange Verwitterungszeit hatte alle Spuren einer eventuellen Bearbeitung verwischt, aber eins hatten alle drei Höhlen gemeinsam: Sie endeten nach einigen Dutzend Metern vor einer relativ glatten und senkrechten Wand.

Vergeblich suchten wir nach Rillen oder Fugen, die uns hätten verraten können, ob es hinter der Wand weiterging oder nicht. Wir klopften sie mit Steinen ab, ohne einen hohlen Klang festzustellen. Ferdi kam auf die Idee, den Trick mit der Taschenlampe zu wiederholen, hatte aber keinen Erfolg damit. Catschu, der uns ganz offensichtlich für total übergeschnappt hielt, drängte zur Rückkehr. Da wir ohnehin nicht weiterwußten, folgten wir ihm ins Freie. Willi hockte am Feuer und sah uns neugierig entgegen. Wir berichteten von dem, was wir gefunden hatten.

Ich aber entsann mich des Mediums, das von den Höhlen und den verbotenen Regionen gesprochen hatte. Die junge Frau hatte nicht gelogen.

Da es erst Vormittag war, brachen wir noch zum Dorf auf, das wir gegen Abend erreichten. Wir verstauten unser Gepäck mit Zelten und Schlafsäcken in unserer Hütte, und als wir wieder auf dem Dorfplatz erschienen, kam uns schon der Oberpriester entgegen.

Wir lobten die Ruine des Tempels und versicherten dem Piaronta, daß wir selten eine eindrucksvollere gesehen hätten. Er gab sich mit dieser knappen Erklärung zufrieden und stellte keine weiteren Fragen. Aber von dieser Sekunde an ließen wir unser Gepäck nicht mehr aus den Augen.

Wir beschlossen, noch einen Tag zu bleiben, dann traten wir den Rückmarsch in die Zivilisation an. Catschu ließ es sich nicht nehmen, uns sogar bis zum Mavaca-See zu begleiten, den wir rechtzeitig zum verabredeten Termin erreichten. Ratunko erschien pünktlich mit seinem Boot und teilte uns mit, daß das Wasser stark gefallen sei, aber wir würden es schon noch schaffen.

Von nun an beschäftigte uns nur noch ein einziges Problem: den Metallwürfel ständig zu verstecken und uns tausend Möglichkeiten auszudenken, wie wir ihn unbemerkt nach Europa bringen konnten.

Es gelang uns tatsächlich trotz der scharfen Kontrollen bei Zoll und Flughäfen. Als wir in Oslo landeten, blieben mir noch dreieinhalb Monate, bis die Frist von einem Jahr verstrichen war. Ich wurde das Gefühl nicht los, einen Fehler gemacht zu haben.

Vierzehn Tage lang wurde der Metallwürfel von verschwiegenen Experten in verschlossenen Labors untersucht, ohne daß sich ein greifbares Ergebnis abzeichnete. Er ließ sich nicht öffnen und schien aus einem Stück zu bestehen und völlig massiv zu sein. Röntgenstrahlen durchdrangen ihn nicht, weil sie hundertprozentig reflektiert wurden.

Es schien nur noch einen Weg zu geben, das Geheimnis zu lüften und herauszufinden, wie es im Innern des Würfels aussah: man mußte ihn zerstören. Dazu konnte sich jedoch keiner der Eingeweihten entschließen, außerdem wäre dieses Vorhaben an meinem Protest gescheitert.

Einer der an den Untersuchungen beteiligten Wissenschaftler teilte in seinem Protokoll mit:

„Gewisse Emissionen, die von dem Block ausgehen, können von unseren Instrumenten nicht exakt bestimmt werden, sie lassen aber darauf schließen, daß es sich bei dem unbekannten Gegenstand um eine Art Sender handelt. Ob auch eine Empfangsmöglichkeit besteht, ist schwer zu sagen. Mit Sicherheit kann demnach weder das eine noch das andere bejaht oder verneint werden."

„Jetzt wissen wir es aber ganz genau", kommentierte Eric und legte das Gutachten zu den übrigen. Sein Blick wanderte hinüber zu dem Würfel, der zwischen anderen Gegenständen auf dem Wandbord seines Arbeitszimmers lag und daher kaum auffiel. „Ein Sender also! Könnte gut möglich sein. Sie ließen ihn damals zurück, um nun zu erfahren, daß wir endlich die elektrische Taschenlampe erfunden haben."

„Sie wollten mehr erfahren und sie haben auch mehr erfahren", meinte ich, ohne auf seine sarkastische Bemerkung einzugehen. „Sie wissen schon durch unsere Laborversuche mehr über uns, als uns vielleicht lieb sein kann. Ich wette, ihr Sender arbeitet mit überlichtschnellen Funkwellen. Eine Erfindung, die auf Nikola Tesla zurückgeht und schon im Dritten Reich Verwendung fand, was heute natürlich totgeschwiegen wird. Ich könnte noch mehr aufzählen, aber das würde heute zu weit führen."

„Aha, der SF-Autor!" entfuhr es Peter, der extra aus Wien gekommen war.

„Es wäre nicht das erste oder einzige Mal, daß Utopien Wirklichkeit werden", hielt ich ihm ärgerlich entgegen. „Ich kenne Dutzende von Beispielen dafür. Jene Fremden, die das Ding zurückließen, müssen über eine Technik verfügt haben, die uns heute noch unvorstellbar ist. Ein Neandertaler hätte wahrscheinlich auch deine Brille als Unmöglichkeit bezeichnet, wenn man ihm sie und ihre Funktion geschildert hätte."

„Mit anderen Worten", warf Uli, ebenfalls ein Freund des Hauses, ein, „überlichtschnelle Funkwellen sind schon Realität und wurden damals von außerirdischen Raumfahrern eingeführt und an bestimmte „Erdlinge„ weitergegeben, bis in die heutige Zeit." Als ich nickte, fuhr er fort: „Das bedeutet, daß die Fremden, wenn sie noch existieren sollten, in diesem Augenblick erfahren, was wir sprechen?"

„Wo immer sie sein mögen", bestätigte ich kühn.

Eine Weile war es ganz still in dem Raum, dann sagte Eric:

„Wir haben den Beweis, was nun?"

Als alle schwiegen, schlug ich vor:

„Nichts! Wenn wir das, was wir jetzt zu wissen glauben, in die Welt hinausposaunen, richten wir mehr Schaden an, als wir verantworten können. Wer weiß, wie lange wir dann noch frei herumlaufen. Denkt an die vielen Menschen, die angeblich spurlos verschwanden, weil sie vielleicht mehr wußten als andere. Ich bin dafür, vorerst Stillschweigen zu bewahren, so sehr es uns auch reizt, den ewigen Besserwissern den Mund zu stopfen."

Das waren natürlich nicht die einzigen Gründe für meinen Vorschlag. Ich dachte an den geheimnisvollen Fremden, der sich „Nummer Eins" nannte. Vielleicht hielt ich es zu diesem Zeitpunkt auch für nicht ganz ausgeschlossen, daß er selbst ein Außerirdischer war,

war, der bestimmte Aufgaben auf unserer Welt zu erfüllen hatte. Jedenfalls trieb mich eine innere Stimme dazu, vor dem Bekanntwerden unseres Fundes zu warnen. Aber nicht jeder stimmte mit mir überein.

„Es wäre aber eine richtige Sensation!" rief Peter aus, der als Journalist in Wien arbeitete. „Wenn ich die Exklusivrechte auswerten könnte..."

„Walter hat recht", unterbrach ihn Eric, „obwohl ich das sehr bedauere. Wir müssen noch warten."

„Und wie lange noch?" fragte Bernd, der ebenfalls zu unserer Runde gehörte und sich bei unseren Zusammenkünften als erstklassiger Koch entpuppt hatte. „Wie lange sollen wir warten?"

Alle blickten fragend auf mich.

„Drei bis vier Monate", sagte ich, und mir war in diesem Augenblick so, als hätte mir jemand diese Worte zugeflüstert.

Ich war wieder in mein altes Bauernhaus in Oberbayern zurückgekehrt und bastelte gerade fleißig an einem Artikel über die verschollenen Mayakulturen, als es an der Haustür klingelte. Ich liebte keine unangemeldeten Besucher, aber mein Mißmut verflog sofort wieder, als ich zu meiner Überraschung Rico erkannte, ebenfalls ein Freund der Runde um Eric.

„Wo kommst denn du her?" begrüßte ich ihn und schloß die Tür, nachdem er eingetreten war. „Komm mit 'rauf! Was gibt es Neues?"

Rico wohnte in der Nähe von Zürich und arbeitete als Fachmann für Edelsteine. Leider hatte er deshalb auch nicht mehr Geld als wir, obwohl Millionenwerte durch seine Hände gingen.

„Neues?" wiederholte er, als wir im Wohnzimmer saßen und das Bier im Glas schäumte. „Eine Menge, und deshalb bin ich auch hier. Der Metallblock, der angebliche Sender der Außerirdischen, unser Beweis für deren Existenz – er ist verschwunden."

„Verschwunden...?" brachte ich noch hervor, dann wurde mir fast schlecht. Mühsam schnappte ich nach Luft. „Wie ist denn das möglich? Kein Mensch kann unbemerkt in Erics Haus, nicht einmal der raffinierteste Einbrecher. Die Alarmanlagen..."

„Ja, ich weiß, und seine Hunde... trotzdem ist das Ding weg."

„Warum hat er mich nicht angerufen?"

„Hätte das den Sender wieder herbeigeschafft? Außerdem hat Eric das Gefühl, überwacht zu werden. Keine Beweise, aber eben das Gefühl. Ich übrigens auch." Unwillkürlich mußte ich wieder an Nummer Eins denken, obwohl ich nichts mehr von seiner Anwesenheit oder Existenz bemerkt hatte. Ich verspürte im Nacken ein merkwürdiges Kribbeln, das aber sofort wieder verging.

„Wie ist es passiert?" wollte ich wissen.

„Das weiß niemand. Uli, Bernd und ich hatten Eric besucht und wie üblich bis spät in die Nacht hinein diskutiert. Die Hunde waren seltsam unruhig an diesem Abend vor knapp einer Woche. Wir schoben es auf das unbeständige Wetter und weil sie im Haus bleiben mußten. Wir gingen also erst sehr spät schlafen, und am anderen

Morgen war der Metallblock nicht mehr an seinem Platz. Das ist alles."

Ich litt noch immer unter dem Schock, den mir die Botschaft versetzt hatte. Was hatten wir nicht alles auf uns genommen, um den doppelten Beweis zu finden, und nun war er womöglich durch meine Schuld verlorengegangen, denn schließlich war ich es gewesen, der zum Stillschweigen und Abwarten geraten hatte.

„Eric gibt dir keine Schuld", sagte Rico, als habe er meine Gedanken erraten. „Aber er ist davon überzeugt, daß jemand die Sendungen des Blocks empfangen und entsprechend gehandelt hat. Sieht also ganz so aus, als wären einige geheimnisvolle, okkult klingende Geschichten doch nicht so ganz erfunden. Irgend jemand lebt mitten unter uns..."

„Irgend jemand", murmelte ich, noch immer fassungslos. „Gibt es wenigstens die Photos und Gutachten noch? Oder sind die auch verschwunden?"

„Zum Glück nicht, aber was nützen sie schon?"

Er hatte recht. Ein Block aus Metall mit der Kantenlänge von zehn Zentimetern konnte in jeder kleineren Werkstatt hergestellt werden, und wer würde uns schon glauben, daß wir ihn unter den Ruinen eines Tempels in Südamerika gefunden hatten, wenn als Beweis nur ein Photo vorgewiesen werden konnte? Unsere wissenschaftlichen Gutachten würden als plumpe Fälschungen abgetan werden.

„Stimmt! Photos und Gutachten nützen uns nichts, Rico. Wie lange hast du übrigens Zeit?"

„Ich fahre heute noch weiter nach Wien."

Er fuhr allerdings erst, als es schon zu dunkeln begann, denn wir hatten uns viel zu erzählen. Und wieder einmal lag ich dann, nachdem er sich verabschiedet hatte, noch lange wach im Bett und konnte nicht einschlafen.

Tausend Fragen stürmten auf mich ein, ohne daß ich auch nur eine einzige Antwort gefunden hätte.

DER KONTAKT

Gut zwei Monate später befand sich unter meiner Post ein Brief ohne Absender, eine ungewohnte Seltenheit. Auch der Poststempel war nicht zu erkennen, aber das konnte Zufall sein.

Hastig öffnete ich den Brief. Er stammte von Nummer Eins, der mir lakonisch mitteilte, ich möchte ihn in drei Tagen in einer Gaststätte in der Umgebung Salzburgs erwarten, solle aber nicht mit meinem Wagen kommen. Außerdem bat er mich, zu Hause alles so zu regeln, als wolle ich für ein paar Wochen verreisen.

Das war alles.

Jetzt, da die Entscheidung näherrückte, begann ich unsicher zu werden. Sollte ich der Aufforderung des Geheimnisvollen wirklich Folge leisten – oder nicht? Was wollte er von mir? Aber dann sagte ich mir, daß ich schon zu sehr in die ganze Sache verwickelt war, um noch aussteigen zu können. Außerdem war da noch die Neugier...

Ich tat also mechanisch das, was von mir verlangt wurde, und regelte die geschäftlichen und privaten Dinge so, als träte ich eine längere Reise an. Vorsichtshalber schrieb ich noch ein paar Briefe, die ich einem Freund zur Aufbewahrung anvertraute.

Am dritten Tag stieg ich mit meinem kleinen Koffer in das bestellte Taxi und ließ mich zum Treffpunkt bringen.

Das Gasthaus lag an einer Straße, die in die Berge führte. Ich kannte sie gut, denn früher war ich oft in dieser Gegend gewesen. Es war eine jener bäuerlichen Wirtschaften, von denen es gut ein Dutzend am Fuß des Untersbergs gibt.

Ich bezahlte das Taxi, nahm meinen Koffer und betrat den Gastraum. Nummer Eins saß an einem Ecktisch, sonst war niemand anwesend, wenn man von der gutgenährten Kellnerin absah, die hinter der Theke stand und meinen Gruß freundlich erwiderte.

Den Koffer noch in der linken Hand, streckte ich ihm meine rechte entgegen. Er nahm sie, gab den Druck zurück und sagte:

„Es freut mich, daß Sie gekommen sind. Alles geregelt?"

„Soweit ja. Wohin geht die Reise?" Die Kellnerin kam an unseren Tisch. Ich bestellte mir einen Großen Braunen. Der bärenstarke Kaffee würde mir guttun.

„Nicht weit."

„Aber Sie schrieben mir doch..."

„Nicht weit, aber sie dauert lange. Zwei oder drei Wochen vielleicht. Leider läßt sich das nicht ändern. Stellen Sie aber jetzt bitte keine Fragen mehr, denn alles klärt sich von selbst. Da kommt Ihr Kaffee."

Das Gespräch wurde allgemeiner, dann brachen wir auf.

Sein Wagen, ein älteres Modell, stand hinter dem Haus. Ich warf den Koffer auf den Hintersitz und nahm neben ihm Platz. Ich war gespannt, wohin es nun ging.

Die noch asphaltierte Straße durch den Wald wurde schmaler, bis wir an einem Wasserfall, der zur Zeit kein Wasser führte, rechts abbogen und eine kleine steile Straße bergauf fuhren, die für den öffentlichen Verkehr gesperrt war. Ein Verbotszeichen, das die Weiterfahrt nur Forstfahrzeugen erlaubte, wurde ignoriert. Nur Anlieger, Förster und Waldarbeiter fuhren bis zum oberen Parkplatz, der am Rande eines Steinbruchs lag. Mein Chauffeur mußte bald auf den ersten Gang herabschalten, und als ich zurückblickte, sah ich Salzburg und das Walserfeld tief unten in der Ebene liegen. Wir fuhren durch dichten Nadelwald, und wenn der Weg nicht mit Kies und kleinen Steinen bedeckt gewesen wäre, die sich tief in das weiche Erdreich gedrückt hatten, wären wir kaum weitergekommen.

Die ersten Felswände tauchten bergwärts auf. Rechts lagen gewaltige Steinbrocken im Wald. Auf einigen wuchsen kleine Tannen, deren Wurzeln immer noch Halt in den vom Regen ausgespülten Ritzen fanden.

Der Weg endete auf einer Art Parkplatz, wie die vielen Reifenspuren verrieten.

Nummer Eins nickte mir zu.

„Der Wagen fällt hier nicht auf, selbst wenn er längere Zeit stehenbleibt. Es sind fast immer Jäger oder Forstbeamte mit ihren Fahrzeugen unterwegs. Da kennt einer den anderen nicht."

Er verschloß die Türen, nachdem ich auf sein Geheiß hin meinen Koffer herausgeholt hatte.

„Vielleicht ist er überflüssig, aber nehmen Sie ihn ruhig mit", riet mein Begleiter. „Es ist nicht weit."

Selbst heute, wo alles zur Selbstverständlichkeit wurde, fällt es mir schwer, meine damalige Stimmung zu beschreiben. Ich schwankte zwischen Furcht und Neugier, wobei zweifellos die Neugier überwog. Mit dem Koffer in der Hand folgte ich dem Mann, der sich Nummer Eins nannte und der mich durch sein bestimmtes Auftreten davon überzeugte, daß ich es nicht mit einem Verrückten zu tun hatte.

„Wohin gehen wir?" fragte ich.

Er wandte mir sein Gesicht zu und lächelte.

„War es nicht schon immer Ihr Wunsch, eine Untersberghöhle zu besuchen – möglichst eine noch unerforschte?" stellte er die Gegenfrage. „Nun, jetzt haben Sie Gelegenheit dazu."

„Mit einem Koffer...?"

Er lächelte noch immer, gab aber keine Antwort.

Der Weg wurde steiler und zu einem schmalen Pfad, der plötzlich nach einigen hundert Metern vor einer senkrechten Felswand endete. So sehr ich meine Augen auch anstrengte, ich konnte nirgendwo den Eingang zu einer Höhle entdecken. Aus eigener Erfahrung wußte ich allerdings, daß sehr oft nur enge Spalten und sogar unscheinbare

Erdlöcher in gewaltige Höhlen führten, aber selbst davon war hier nichts zu bemerken. Ich setzte ratlos den Koffer ab.

Nummer Eins, der dicht vor der Felswand stand, drehte sich zu mir um. „Sehen Sie dort unten, etwa wo der Wagen steht." Ich wandte den Kopf, sah aber nur den engen Pfad, die Steine im Wald – und sonst nichts.

„Was meinen Sie?"

„Schon gut. Kommen Sie!"

Ich riß die Augen weit auf, als ich den Höhleneingang erblickte, der vorher nicht vorhanden gewesen war. Es hatte nicht die kleinste Fuge dort gegeben, wo jetzt ein mannsbreiter Spalt in der Wand klaffte. Nummer Eins zwängte sich hindurch und reichte mir die Hand, um mir zu helfen. Der Koffer behinderte mich, aber dann hatte ich es geschafft. Ich stand in einem finsteren Gang, der in den Berg hineinzuführen schien. Der Spalt schloß sich wieder, und Nummer Eins schaltete eine Taschenlampe ein.

Der Lichtkegel beleuchtete kahle Felswände, von denen das Wasser tropfte. Der Gang war hoch genug, um aufrecht gehen zu können. Der felsige Boden war feucht und glitschig.

Meine Unsicherheit wurde zur Beklemmung. Ich mußte verrückt gewesen sein, als ich der Einladung Folge leistete, aber wie hätte ich auch ahnen können, daß mich der geheimnisvolle Fremde in das unterirdische Reich Kaiser Karls und der Zwerge schleppen würde?

Wir konnten nebeneinander gehen. Der Gang war breit genug. Aus der Finsternis, die vor uns war, glaubte ich gedämpfte Stimmen zu hören, und mit einem Schlag fielen mir alle die vielen Sagen ein, die ich über diesen Berg gehört oder gelesen hatte. So wie jetzt mir mußte einem UFO-Anhänger zumute sein, in dessen Garten plötzlich ein außerirdisches Raumschiff landet.

Der Gang machte nun eine scharfe Biegung. Eine grelle Lichtflut schlug mir entgegen, so daß ich geblendet die Augen schloß. Später erst wurde mir klar, daß nur die schon gewohnte Dunkelheit das angenehme gelbe Licht so grell erscheinen ließ.

Der Gang mündete in einem großen Saal, in dessen Mitte ein langer und ovaler Tisch wuchtete, an dem acht Männer saßen, die uns durch die Augenschlitze ihrer Kapuzen entgegenblickten.

Aber das allein war es nicht, was mein Herz für lange Sekunden zum Stocken brachte und mich das Atmen vergessen ließ.

Mitten auf dem Tisch ruhte auf einem schwarzen Samttuch der silbern schimmernde Metallblock, den ich selbst aus der Tempelruine in Südamerika geholt hatte.

Die acht Männer trugen unterschiedliche Kleidung, von denen jede in einen anderen Erdteil gepaßt hätte. Eines jedoch hatten sie alle gemeinsam: die Kapuze, die ihre Gesichter verbarg. Nur Augen und Ohren blieben frei. Und natürlich der Mund.

„Ich habe ihn mitgebracht, Brüder, wie wir es beschlossen", sagte Nummer Eins. „Er hat den Test bestanden. Ein Jahr lang kam kein Wort über seine Lippen, das uns hätte verraten können. Er gehört nun zu uns."

Zwei Stühle am Tisch waren noch frei. Nummer Eins setzte sich auf den einen und gab mir zu verstehen, daß ich neben ihm Platz nehmen sollte. Ich tat es mit einer Beklemmung, wie ich sie noch nie in meinem Leben verspürt hatte. Den Koffer hatte ich achtlos neben dem Eingang stehen lassen.

„Deine Wahl war gut, Bruder Eins", sagte einer der Kapuzenmänner. „Es ist an der Zeit, daß wir seine Fragen beantworten, ehe wir die letzte Entscheidung von ihm verlangen." Er deutete auf den Metallblock in der Mitte des Tisches. „Ihm gilt deine erste Frage", stellte er fest und sah mich dabei an. „Aber sie wird zuletzt beantwortet werden, wenn es dann noch nötig ist. Stelle also gleich deine zweite Frage, die da lautet: Wer seid ihr?"

Ich nickte, brachte aber keinen Ton hervor, da meine Kehle wie ausgedörrt war. Er fuhr fort:

„Du hast es vielleicht schon längst erraten, aber deine Vermutung bedarf der Bestätigung, damit sie zur Gewißheit wird. Eines vorweg: Es war nicht der indische Kaiser Aschoka, der knapp dreihundert

Jahre vor Christi den Geheimbund der „Neun Unbekannten" gründete. Der Bund existierte vor ihm schon seit Jahrtausenden, und selbst wir wissen nicht, wann er einst entstand. Es muß nach einer weltweiten Katastrophe geschehen sein, in der sich die Menschheit mit modernsten Waffen vernichtete und es nur wenige Überlebende gab. Wahrscheinlich waren es damals neun überlebende Wissenschaftler, die den Entschluß faßten, den Schleier des Vergessens über alle Kenntnisse der Naturgesetze fallen zu lassen, damit sich eine solche Katastrophe nicht noch einmal wiederholte. Sie selbst aber kannten alle diese Geheimnisse und beschlossen, sie zu bewahren, von Generation zu Generation, hinweg über die Jahrtausende, bis der Mensch eine Reife erlangte, die es ihm ermöglichte, ohne die Gefahr der Selbstvernichtung das Wissen ihrer frühen Vorfahren zu teilen, das diesen zum Verhängnis wurde."

Die Bedeutung seiner Worte wurde mir nur langsam bewußt, was insofern seltsam war, weil ich schon seit einiger Zeit davon überzeugt sein mußte, daß Nummer Eins einem mächtigen Geheimbund angehörte, dessen Einfluß sich über die ganze Welt ausdehnte. Auch der Gedanke an jene „Neun Unbekannten" war mir gekommen, über die viel geschrieben wurde, ohne daß jemand diese ungewissen Informationen und Vermutungen ernst genommen hätte – bis auf einige Ausnahmen.

Und nun saß ich mit an ihrem Tisch – als Zehnter.

Da ich schwieg, fuhr der Mann, der zu diesem Zeitpunkt noch die „Nummer Zwei" war, fort:

„Ich sehe, daß du überrascht bist, aber es ist die Überraschung eines Menschen, der seine Vermutungen plötzlich bestätigt sieht. Sollten dich die Kapuzen stören, so mußt du wissen, daß sie lediglich unserer wie auch deiner Sicherheit dienen. Du wirst unsere Gesichter niemals sehen – bis jenes von Nummer Eins, aber er wird nicht mehr lange unter uns weilen. Seine Zeit ist vorüber, deshalb fiel ihm die Aufgabe zu, einen neuen Bruder zu finden und zu uns zu bringen. Du wirst also nur die Gesichter jener sehen, die später kommen, wenn ein anderer von uns abtreten muß. Stets wenn das geschieht, ändert sich automatisch unsere Zahlenbezeichnung. So werde ich die Nummer Eins, und die Nummer Zwei wird die bisherige Nummer Drei – und so fort. Nummer Neun wird Nummer Acht, und du, Bruder, wirst die Nummer Neun sein. Wir alle kennen dein Gesicht, du aber nicht die unseren. Du hast das Sicherheitssystem begriffen und erkennst es an?"

Ich konnte noch immer nicht sprechen und bestätigte durch ein Kopfnicken. Tausend Fragen drängten sich mir auf, aber ich stellte keine einzige. Ich wußte, daß ich alle Antworten erhalten würde, wenn die Zeit dafür gekommen war.

„Unsere Aufgabe ist unendlich schwierig", fuhr Nummer Zwei fort. „Und sie wird immer schwieriger, weil die Technik voranschreitet und sich die menschliche Zivilisation mit jedem Tag jenem Zeitpunkt nähert, der die Katastrophe ermöglicht, wie es schon einmal geschah. Wir haben stets gehofft, die Stunde würde kommen, , in der wir unser Exil verlassen könnten, um den Menschen unser seit Jahrtausenden bewahrtes Wissen zu übergeben, aber nun wissen wir, daß diese Stunde wahrscheinlich niemals kommen wird. Auf geheimen Wegen haben wir zu warnen versucht, haben diese Warnungen den entsprechenden Organisationen und Nachrichtenmedien zugespielt, aber es war alles vergebens. Doch auch dann, wenn wir nun überzeugt sind, daß alles umsonst war, dürfen wir die Hoffnung nicht aufgeben. Wir hätten die Macht und das Wissen, der Welt mit der Vernichtung zu drohen, wenn sie nicht zur Vernunft kommt, aber dieses letzte Mittel ist uns verboten. Wir können nur weiter im Sinn der Vernunft wirken – und hoffen. Bist du bereit, Bruder, uns dabei zu helfen?"

Wieder nickte ich, dann versuchte ich zu sprechen, aber meine Worte klangen spröde:

„Ich bin bereit. Aber – was kann ich tun?" Nummer Zwei erhob sich, und mit ihm alle anderen. Unwillkürlich stand auch ich auf.

„So sei bei uns willkommen, Nummer Neun. Aber gleichzeitig warne ich dich. Kein Wort von dem, was du hier hörst und siehst und erfährst, darf je über deine Lippen kommen. Denke daran, daß jeder, dem du draußen begegnest, einer von uns sein kann. Wir kennen dich, aber du kennst uns nicht. Setz dich wieder, Nummer Neun." Und dann sah er die bisherige Nummer Neun an und sagte: „Setz dich, Nummer Acht." Und so fuhr er fort, bis jeder seinen neuen Namen hatte und nur noch die ehemalige Nummer Eins stand. Zu ihm gewandt, schloß Nummer Eins: „Deine Aufgabe ist beendet, Bruder. Du wirst den Rest deines Lebens draußen in der Welt verbringen, und wir wissen, daß dein Mund für alle Zeiten versiegelt ist. Führe Nummer Neun in unsere Geheimnisse ein und bringe ihn in zwei Tagen in sein Heim zurück. Später wird er eine der Stationen übernehmen und eine wichtige Aufgabe erfüllen."

„Von nun an heiße ich Jörg Langström", sagte die ehemalige Nummer Eins und nickte mir zu. „Folge mir, ich habe dir viel zu zeigen und zu erklären."

Zögernd erhob ich mich und sah in die Augen meiner „Brüder". Stumm gaben sie meinen Blick zurück.

Jörg Langström nahm meinen Koffer und winkte mir zu. Durch mehrere Gänge hindurch gelangten wir schließlich in einen gut durchwärmten Raum, der bequem und wohnlich eingerichtet war. Bett, Tisch, Sessel und ein Schrank – alles war vorhanden. In der Ecke stand sogar ein Fernsehgerät.

„Hier wirst du zwei oder drei Tage wohnen, ich bin gleich nebenan. Nummer Zwei und die anderen kehren noch heute zu ihren Stationen zurück. Nur Eins bleibt noch. Lege dich jetzt eine Stunde hin, ich hole dich dann wieder ab. Drüben im Schrank ist ein Kühlfach. Du findest darin Lebensmittel und Erfrischungen."

Er ging, ehe ich Fragen stellen konnte.

So durstig ich auch war, ich legte mich einfach auf das Bett, schloß die Augen und versuchte mir einzureden, daß alles nur ein Traum sei. Aber es war keiner.

Zwei Tage lang führte mich Nummer Eins durch die tief im Massiv des Untersbergs verborgene Station, und immer mehr wurde mir klar, warum man das Gebirge auch den „Wunderberg" nannte. Die meisten Sagen hatten natürlich nichts mit der Station zu tun, die bisher unentdeckt geblieben war, aber ich konnte mir vorstellen, daß die Neun Unbekannten in früheren Jahrhunderten nicht so vorsichtig sein mußten wie heute und sogar gewisse Kontakte mit der Bevölkerung pflegten.

Auf der anderen Seite begann ich mich darüber zu wundern, daß bestimmte staatliche Kontrolleinrichtungen und auch wissenschaftliche Organisationen bisher keinen diesbezüglichen Verdacht geschöpft hatten.

Ich fragte Langström, als wir in einem riesigen Saal standen, dessen Wände mit Hunderten von Bildschirmen bedeckt waren, auf denen alle Teile der Welt beobachtet werden konnten.

Er lächelte nachsichtig.

„Würden wir die normal üblichen Funkwellen und Frequenzen benützen, hätte man uns schon längst als gigantischen Schwarzsender entlarvt. Aber du kannst beruhigt sein, denn unsere Geräte arbeiten nach einem anderen Prinzip und sind nicht anzupeilen. Unsere neun Stationen stehen permanent in Verbindung. Die übrigen Einrichtungen sorgen dafür, daß uns nichts verborgen bleibt, was auf der Welt geschieht. Wir sammeln alle Erkenntnisse und analysieren sie. So lassen sich genaue Zukunftsprognosen ermitteln, weil eben nichts geheim bleibt. Du wirst dich noch wundern, wenn du erst weißt, wieviel gelogen und verschwiegen wird. In der Politik ist Aufrichtigkeit eine seltene Eigenschaft, aber anders scheint Politik nicht möglich zu sein. Das war leider schon immer so."

Ich hatte die mich am meisten interessierende Frage bisher noch nicht stellen können, aber nun hielt ich den richtigen Augenblick dafür für gekommen.

„Was eigentlich wird meine Aufgabe sein, Jörg? Kannst du mir das verraten, oder ist es noch geheim?"

„Jetzt nicht mehr. Die vordringlichste Aufgabe aller Neun ist es, das Wissen der Vergangenheit zu bewahren, um es dann einer Menschheit zu übergeben, die in der Lage ist, es ohne Schaden für sich selbst und die sie umgebende Natur mit allen ihren Lebewesen zu verwalten und anzuwenden. Der Fluch, der auf jedem technischen Fortschritt liegt, ist die Tatsache, daß sich mit jedem neuen Wissen auch eine neue Waffe entwickeln läßt. Solange der Mensch nicht darauf verzichtet, wird die Gruppe der Neun Unbekannten weiterbestehen müssen. Auch du wirst ihre Auflösung nicht mehr erleben."

„Das klingt pessimistisch."

„Es ist lediglich realistisch."

„Und welche spezielle Aufgabe werde ich erhalten?"

Er warf mir einen erstaunten Blick zu.

„Speziell? Eigentlich keine, wenn man berücksichtigt, daß die ganze Aufgabe speziell ist. Du wirst mehr über den ganzen Komplex verstehen, wenn du das erste Buch erhältst. Wir besitzen neun dieser Bücher, die stets weitergegeben werden, so daß jeder der Neun ihren Inhalt kennt."

„Was sind das für Bücher?"

„Sie enthalten alles Wissen, das je von intelligenten Lebewesen erarbeitet und gesammelt wurde. Psychologische Kriegsführung und Lenkung der Massen, Physiologie, Mikrobiologie, die Lehre von der Umwandlung der Metalle und Elemente, das Geheimnis der Gravitation und die damit zusammenhängende grenzenlose Energiegewinnung, Kosmologie, Licht, Soziologie und damit die Regeln zur Entwicklung der Gesellschaft, gekoppelt mit der absolut sicheren Voraussage für ihren Untergang. Und natürlich die Entwicklung der Technik bis zur Selbstvernichtung. Aber auch das Wissen, wie die Katastrophe zu verhindern ist."

„Und warum", fragte ich entsetzt, „wird dieses letzte Wissen nicht der Menschheit mitgeteilt?"

„Weil das Wissen um die Möglichkeit, eine solche Katastrophe zu verhindern, zu eng mit der Möglichkeit gekoppelt ist, sie herbeizuführen. Du wirst das noch verstehen lernen."

„Da scheint noch viel zu sein, das ich lernen muß."
„Unendlich viel", bestätigte er.

Den ganzen zweiten Tag wanderten wir durch das Labyrinth der Station, die nur eine von neun war. Ich interessierte mich besonders für die Kontrollzentrale, von der aus eine direkte Bild-Ton-Verbindung zu den übrigen acht Stationen möglich war. Nach so vielen Überraschungen war ich nicht mehr sonderlich erstaunt, als Jörg Langström einen der acht Bildschirme aktivierte und sich Nummer Drei aus dem Gavea bei Rio meldete. Sein Gesicht sah ich allerdings nicht, denn er trug die Kapuze. Er bestätigte, daß auch die anderen ihre jeweiligen Stationen besetzt und die Automatik abgeschaltet hatten, die sonst die Wartung übernahm.
„Die anderen Stationen – wo sind sie?"
Jörg Langström deutete auf die Bildschirme, unter denen nur Nummern standen.
„In allen Teilen der Welt und dort, wo Zeitphänomene auftreten. Mount Aylmer in Kanada, Gavea, ein Andenmassiv in Südamerika, das Shangri-La-Tal in Tibet, der Karisimbi in Afrika, der Mount Woodroffe in Australien und das Bermuda-Dreieck."
„Das sind sieben."
Ein Lächeln huschte über seine sonst so ernsten Züge.
„Der Mount Shasta in den USA und der Untersberg."
Während er mich in mein Quartier zurückbrachte, erklärte er mir weitere Einrichtungen der Station, die vorerst von Nummer Eins übernommen wurde. Der technische Stand der ganzen Anlage war selbst für meine Begriffe utopisch und in vielen Teilen unbegreiflich. Aber Jörg beruhigte mich:
„Du hast viel Zeit, alles zu verstehen. Es handelt sich um eine Technik, die das Endresultat dessen darstellt, was heute auf der Erde erst in den Kinderschuhen steckt. Die Bedienung der Geräte und Instrumente ist denkbar einfach und unkompliziert. Wir überlassen das meist der vollkommenen Automatik. Zwischen allen Stationen

besteht eine Transmitterverbindung, die ein zeitloses Überwechseln von der einen zur anderen ermöglicht."

„Transmitter?"

„In wissenschaftlich-topischen Artikeln von dir las ich diesen Ausdruck sehr oft."

Ich nickte fassungslos.

„Aber das waren doch nur spekulative Abhandlungen über eine vielleicht spätere Realisierung utopischer Erfindungen."

„Es war Erinnerung an das, was es schon einmal gab", berichtigte er mich trocken. „Alles, was der Mensch erdenken kann, wird auch eines Tages realisierbar sein. Und warum? Weil fast alles, was er in seiner Phantasie ausdenkt, schon einmal da war. Eine genetische Erinnerung, nichts weiter."

„Alles?"

„Fast alles", korrigierte er sich.

Er begleitete mich bis zu meinem Zimmer. Ich setzte mich auf das Bett. Er blieb bei der Tür stehen.

„So einfach ist das...?"

„Ja, so einfach!" Er deutete auf den Schrank. „Und nun iß und trink. Morgen bringe ich dich nach Hause. Du wirst Bescheid erhalten, wenn es soweit ist. Ich habe noch einige Dinge zu erledigen, ehe ich fertig bin."

Ich hielt ihn zurück.

„Du sagtest, ich würde einige Wochen abwesend sein, darum nahm ich den Koffer mit. Ich war aber nur drei Tage fort."

„Für dich sind hier im Berg nur drei Tage vergangen, draußen aber vergingen drei Wochen. Die sich an dieser Stelle kreuzenden Zeitkoordinaten sind ziemlich stabil. Das ist nicht überall der Fall. Manchmal wandern sie, das ergibt Unregelmäßigkeiten. Für die Menschen ein ungelöstes Rätsel und damit Ursprung von Legenden und Sagen. Sie finden selbst in der Bibel ihren Niederschlag."

Ich hatte es geahnt. Nun hatte ich Gewißheit.

Obwohl mir noch tausend Fragen auf der Zunge lagen, stellte ich keine mehr. Jörg Langström nickte mir zu und schloß die Tür.

Ich war allein.

Ehrlich gesagt: so allein war ich in meinem ganzen Leben noch nicht gewesen wie in diesem Augenblick, in dem in Wirklichkeit „draußen" sieben Augenblicke vergingen...

Jörg Langström wohnte drei Tage bei mir und enthüllte die letzten Geheimnisse der Neun Unbekannten. Das Geheimnis der acht Gesichter, die ich nur von der Kapuze verdeckt erahnen konnte, lüftete er allerdings nicht. Jeder, dem ich auf der Straße in irgendeinem Teil der Welt begegnete, konnte einer der Unbekannten sein. Sie hielten sich nicht ständig in ihren Stationen auf, die ausnahmslos im Schnittpunkt verschiedener Zeitebenen lagen.

„Wir befolgen das uralte Gesetz und kehren dann, wenn wir fünfzig Jahre zur Bruderschaft gehörten, ins normale Leben zurück. Je nachdem, wie oft und wie lange wir uns in den Stationen aufgehalten haben, sind wir dann allerdings zwei- oder auch dreihundert Jahre alt. Das ist natürlich relativ. Ich selbst wurde im Jahr 1825 in Norwegen geboren. Dorthin kehre ich jetzt zurück und werde den Rest meines Lebens dort verbringen – als normaler Bürger mit einer fingierten Vergangenheit."

„Und die Erinnerung an das, was gewesen ist?"

Er lächelte etwas wehmütig, wie mir schien.

„Ich werde dann, wenn es soweit ist, keine Erinnerung mehr besitzen an das, was mit den Neun Unbekannten zusammenhängt. Ich habe dann nur noch die fingierte Erinnerung. Bevor ich euch verlasse, wird mein Gedächtnis gelöscht und durch ein neues ersetzt. Ich würde dich nicht mehr erkennen, wenn ich dir begegne."

„Ihr seid sehr vorsichtig", sagte ich und begriff die hundertprozentige Absicherung.

„Das muß sein, leider. Es war nicht immer so, denn sonst wüßte niemand von unserer Existenz. Aber wie du ja weißt, gibt es sogar Schriften über uns, natürlich meist spekulativer Natur. Das ist gut so, denn damit werden sie zu Gerüchten und Phantastereien abgestempelt. Nichts ist phantastischer als die Wahrheit. Oder warst du jemals davon überzeugt, daß ein gewisser Graf von Saint-Germain wirklich gelebt hat, und daß die Geschichten, die über ihn berichtet werden, der Wahrheit entsprechen?"

Saint-Germain – ich entsann mich sofort. Man hielt ihn im achtzehnten Jahrhundert für einen Spion und Abenteurer, der nie zu fassen war. Voltaire behauptete sogar, er sei unsterblich und altere nicht.

„Eine faszinierende Persönlichkeit", sagte ich vorsichtig.

„Ein Verräter!" verbesserte mich Jörg Langström. „Er war es schon vor Jahrtausenden, als er zu den Neun Unbekannten zählte und einem ägyptischen Priester das Geheimnis der Unsterblichkeit stahl und ihn dann tötete. Damals verschwand er für lange Zeit spurlos. Später erst tauchten Hinweise auf, daß er nicht untätig geblieben war. Er kannte Kleopatra ebensogut wie die Pharaonen oder Pontius Pilatus. Die Bruderschaft konnte ihn erst im Jahr 1743 zum erstenmal wieder einwandfrei identifizieren, aber es konnte kein Zweifel daran bestehen, daß er bereits früher unter verschiedenen Namen Bruchstücke seines ungeheuren Wissens preisgab. Er mischte sich in die Weltpolitik ein, lernte die mächtigsten Herrscher seiner Zeit kennen und wurde ihr Ratgeber. Aber immer dann, wenn die Neun Unbekannten auf seiner Spur waren, verschwand er. Er zog es sogar vor, im Jahr 1784 offiziell zu sterben und sich in Eckernförde beisetzen zu lassen. Das ist in den Kirchenbüchern nachzulesen. Allerdings wurde er im Jahr 1896 wiedererkannt, und die Jagd auf ihn begann erneut. Natürlich erfolglos, denn abermals tauchte er unter – bis heute. Wir haben seine Spur endgültig verloren."

„Es hat ihn also wirklich gegeben...", murmelte ich.

Und wieder korrigierte mich Jörg Langström:

„Es gibt ihn noch heute!" Er betrachtete mich forschend, dann sagte er: „Beschaffe dir alle Bücher über ihn und lies sie sorgfältig. Du wirst noch mit ihm zu tun bekommen, denn es wird auch deine Aufgabe sein, ihn zu suchen. Er kennt die größten Geheimnisse und vor allen Dingen die Gesetze der Natur, die noch heute der Wissenschaft ein Rätsel sind. Schon mit den wenigen Tips, die er in der ersten Hälfte unseres Jahrhunderts unerkannt gewissen Leuten gab, richtete er genügend Unheil an, weil die Zeit für diese Erkenntnisse noch nicht reif war, vom Menschen selbst einmal ganz abgesehen. Der Schritt war zu groß, die natürliche Entwicklung übersprang Jahrzehnte. Damit wurde das Gleichgewicht gestört, und der technische Fortschritt droht zur Vernichtung statt zur Vollendung zu führen."

Ich wußte, daß er nur zu recht hatte.

„Und wir können nichts dagegen tun?"

„Nicht viel, denn auch uns sind die Hände gebunden. Wir unterstützen diejenigen, die warnen, das ist alles. Aber selbst das scheint wenig Sinn zu haben, weil jede noch so gut gemeinte Aktion für politische Zwecke ausgenützt wird – und zum Zweck der Selbstdarstellung. Außerdem ist es wohl zu spät. Die Evolution, auch die technische, läßt sich nicht mehr rückgängig machen. Hinzu kommt, daß auch der gewaltige Sprung nach vorn seine unübersehbaren Vorteile hat, die jedoch im Augenblick noch von den Nachteilen überwogen werden. Das Problem ist die ethisch und technisch richtige Nutzung des Wissens."

Drei Tage lang diskutierten wir bis tief in die Nächte hinein, dann sagte er zum Abschied:

„Ich muß gehen, um mir meine neue Identität zu holen. Vielleicht treffen wir uns durch Zufall irgendwann, irgendwo. Sprich mich dann bitte nicht an. Ich kenne dich nicht mehr, und du würdest mich in arge Verlegenheit bringen, weil ich dich dann für einen Verrückten halten müßte. Ich weiß, du wirst die dir gestellten Aufgaben zu bewältigen versuchen, aber es wird dir nicht immer gelingen. Nimm Abschied von deinen Freunden, denn du wirst sie schnell altern sehen und ihnen dein unverändertes Aussehen nicht erklären dürfen. Du alterst auch, aber langsamer. Unsterblich ist nur einer von uns."

„Ich soll meine Freunde nicht wiedersehen, jeden Kontakt mit ihnen abbrechen?" Ich schüttelte den Kopf. „Ich weiß nicht, ob ich das kann. Vergiß nicht, daß auch sie eine Aufgabe haben."

„Ich weiß. Aber es liegt an dir, wie oft und wie lange du in einer der Stationen bist. Geh nur hinein, wenn du Kontakt mit den anderen haben willst oder wenn sie dich rufen. Wenn du diesen Rat befolgst, dauert es länger, bis du dich von deinen Freunden trennen mußt."

„Danke, ich werde mich danach richten. Noch eine Frage: wie erfahre ich, wann ich gehen muß? Von hier, meine ich."

„Jemand wird dich rufen", wiederholte er und reichte mir die Hand. „Wir haben viele Helfer, aber sie wissen nicht, wem sie helfen. Und nun – Lebewohl!" Ohne ein weiteres Wort ging er durch den Vorgarten davon und stieg in seinen alten Wagen. Ich habe Jörg Langström nie in meinem Leben wiedergesehen.

Es war mir bekannt, daß sich die „Bruderschaft der Neun" stets den Gegebenheiten der Zeitepoche anpaßte, in der sie gerade existierte. Ihre überragende Technik setzten sie nur in Notfällen ein.

So war es auch kein Wunder, daß ich einen Brief, den ich an einem der nächsten Tage unter meiner Post fand, ohne sonderliches Erstaunen zur Kenntnis nahm. In ihm teilte mir mein „alter Freund Dreier" mit, daß er mich in exakt zwei Wochen am Bergparkplatz erwarte.

Es blieben mir also nur vierzehn Tage, in denen ich meine Angelegenheiten ordnen konnte, denn ich wußte ja nicht, wie lange ich von zu Hause abwesend sein würde. Im übrigen war es mein fester Entschluß, mich immer so kurz wie möglich in den Stationen aufzuhalten, um nie länger als ein oder zwei Wochen „verreisen" zu müssen. Auf diese Art, so hoffte ich, würde ich nach außen hin mein bisheriges Leben, mit dem ich äußerst zufrieden war, fortführen können, ohne daß der langsamer fortschreitende Prozeß des natürlichen Alterns jemand auffiel.

Zur verabredeten Stunde empfing mich Nummer Drei, offenbarte mir den Öffnungsmechanismus des Stationseingangs und führte mich direkt in die Zentrale. In wenigen Sekunden hatte er die Verbindung zu den anderen Stationen hergestellt, von denen allerdings nur vier besetzt waren.

Auf den Bildschirmen der vier unbesetzten erschienen die Adressen der zur Zeit abwesenden Mitglieder der Bruderschaft.

Nummer Drei gab eine Routinemeldung durch, die von allen Stationen automatisch aufgenommen und gespeichert wurde. Dann teilte er mit, daß er in zwei Stunden den Shasta übernehmen würde.

Als die Bildschirme erloschen, sah ich ihn fragend an. Unter seiner Kapuze hörte ich ihn belustigt kichern. „Die Stationen sind durch Transmitter verbunden – hast du das etwa vergessen?"

Ich schüttelte den Kopf. „Nein, natürlich nicht. Aber soll deine Mitteilung bedeuten, daß du von hier weggehst und ich hier bleiben soll?"

„Allerdings, du wirst diese Station vorerst übernehmen. Ich nehme doch an, daß Langström dir alles erklärt hat. Und nun begleite mich bitte zum Transmitter, damit du über ihn Bescheid weißt und ihn jederzeit benutzen kannst. Übrigens fühlt sich Langström als wohlhabender Pensionär in seinem Heimatland sehr wohl. Er war sein Leben lang ein pflichtbewußter Beamter."

Ich gab keine Antwort und folgte ihm in einen Teil der Station, den ich noch nicht kannte. Der Gang endete vor einer Tür, die wie alle anderen als Felswand getarnt war. Ein Druck mit der flachen Hand öffnete sie. Hinter ihr lag ein kleiner Raum, in dessen Mitte ein mannshoher Kasten stand, der an die Kabine eines Aufzugs erinnerte. Bis auf einen Hebel, den man an einer Skala entlangführen konnte, war die Kabine leer.

Nummer Drei betrat sie und legte die Hand auf den Hebel.

„Die Bezeichnungen der einzelnen Stationen findest du in der Zentrale. Der Transmitter darf nur dann benutzt werden, wenn alle anderen informiert sind. Bei gleichzeitiger Benutzung zweier Geräte kann es zu einer verhängnisvollen Kollision mit verheerenden Folgen kommen. Wir sehen uns bald wieder, Nummer Neun."

Er schob den Hebel ein Stück vor und ließ ihn einrasten.

Eine Sekunde später war die Kabine leer.

Ich war allein im Untersberg.

Die nächsten Stunden verbrachte ich damit, die schriftlichen Unterlagen zu studieren, die ich in der Zentrale vorfand, offensichtlich für mein Studium bereitgelegt. Sie informierten mich auch über die Inbetriebnahme der Bildspeicheranlage, die sofort meine Neugier weckte. Fünf Unterteilungen umfaßten die fünf Kontinente, eine sechste die Antarktis und eine letzte schließlich die Ozeane. Die korrigierten Jahreszahlen entsprachen der neuzeitlichen Datumsbestimmung. Das „Programm" des Bildspeichers begann mit der Zahl Zehntausend, stieg ab bis Null und von da an wieder aufwärts bis in die Gegenwart.

Eine Stunde später wußte ich, daß die Apparatur Originalaufzeichnungen in Ton und Bild aus allen Teilen der Welt enthielt, angefangen im Jahr zehntausend vor Christi. Ich sah die primitivsten Anfänge menschlicher Kultur nach der großen Katastrophe, die lange zurückliegen mußte, erblickte Pharaonen, erkannte Lebensabschnitte römischer und deutscher Kaiser, schaute hinab auf historische Schlachtfelder, auf Hexenverbrennungen und mittelalterliche Märkte.

Der kurze Überblick machte mir klar, daß ich das perfekteste und anschaulichste Geschichtsbuch der Menschheit vor mir hatte, und ich bedauerte nur, daß es nicht weiter zurückreichte als knapp zwölftausend Jahre. Die wirklich entscheidenden Ereignisse hatten davor stattgefunden.

Einen ganzen Tag blieb ich in der Station, ohne daß ein Kontakt mit den anderen stattgefunden hätte. Dann speicherte ich meine Adresse in den Computer, verließ den Untersberg und kehrte in mein Dorf zurück.

Ganz langsam wurde mir bewußt, wie schwer es sein würde, über alles Stillschweigen zu bewahren. Würde ich das überhaupt schaffen?

Für meine Umwelt erfuhr mein Leben keine Veränderung, allerdings war ich für sie mehr auf Reisen als bisher, und mein Haus stand immer öfter leer. In diesem Jahr lernte ich alle anderen Stationen kennen, auch jene unter dem ewigen Eis der Antarktis und im Bermuda-Dreieck.

Sie war die größte Sorge der Bruderschaft. Nummer Acht erklärte mir das Problem: „Du mußt wissen, daß diese Anlage uralt ist. Sie stammt noch aus der Zeit der Großen Katastrophe. Die ersten Unbekannten übernahmen sie so, wie sie damals war und heute ist. Aber auch die besten Maschinen und Automaten existieren nicht ewig. Vor etwa dreihundert Jahren traten die ersten Defekte auf. Da wir Wissen lediglich verwalten, nicht aber praktisch ausbauen, ist eine Behebung des Schadens nicht möglich. Er verursacht unkontrollierte

Störungen des irdischen Magnetfelds, die sich jedoch im Rahmen halten. Immerhin besteht die Gefahr, daß wir eines Tages die Station vernichten müssen."

„Bermuda-Dreieck...", murmelte ich. „Ist das...?"

„Ja, leider! Früher waren die Auswirkungen nicht so dramatisch, und das spurlose Verschwinden eines Schiffes war die natürlichste Sache der Welt. Heute ist das anders, und es geschehen immer mehr Zwischenfälle, die sogar Todesopfer fordern, für die wir die Verantwortung tragen. Eines Tages werden wir über das Schicksal der Station abstimmen müssen."

„Und wie soll sie vernichtet werden?"

„Die entsprechende Vorrichtung war schon immer vorhanden, aber die Detonation wird ein schweres Erdbeben auslösen. Man wird an einen Vulkanausbruch glauben. Die Flutwelle kann sogar Europa erreichen, wird aber kaum Schaden anrichten. Danach wird es kein Bermuda-Dreieck mehr geben."

Ich blieb einen Tag in der Pyramide, tief unter der Oberfläche des Atlantiks, und wanderte stundenlang durch riesige Maschinenhallen, Wohnräume und Aussichtskuppeln. Mir war klar, daß die gigantische Anlage einst voll besetzt gewesen sein mußte und erst später, nach der Katastrophe, auf vollautomatischen Betrieb umgestellt wurde. Welchem Zweck sie ursprünglich gedient hatte, wußte auch die Bruderschaft nicht. Es gab keine entsprechenden Unterlagen.

Der Transmitter brachte mich zur Antarktis.

Eigentlich handelte es sich bei ihr um eine zehnte Station, aber sie zählte nicht als solche. Sie blieb fast ständig unbesetzt. Sie lag unter einer zweitausend Meter dicken Eisschicht auf gewachsenem Fels und war somit von der Außenwelt hermetisch abgeschlossen. Bei meinem Rundgang entdeckte ich untrügliche Hinweise darauf, daß sie einmal an der Oberfläche inmitten einer üppigen Vegetation gelegen hatte. Als der klimatische Umsturz begann, mußte man sie total isoliert haben.

Ich schätzte ihr Alter auf fünfzigtausend Jahre. Obwohl ich nun zu den „Wissenden" zählte, überlief mich wieder ein Schauer aus einer Mischung von Ehrfurcht und Entsetzen, als ich daran dachte, was die Menschheit einst erreicht und wieder verspielt hatte. Die Parallele zu dem, was heute geschah und sich anbahnte, war nicht zu übersehen.

Es war wohl in diesem Augenblick, als in mir erstmals die Frage auftauchte: handelte die Bruderschaft wirklich richtig? War es nicht vielmehr falsch, der Welt die tödlichen Geheimnisse vorzuenthalten? Wäre es nicht besser, sie erführe die ganze Wahrheit?

Geistesabwesend durchstreifte ich die zahllosen Räume und Kontrollzentren, ohne bewußt in mich aufzunehmen, an welchen Wundern der Technik ich vorüberging. Die Idee, etwas unternehmen zu müssen, ließ mich nicht mehr los.

Die Sache hatte allerdings einen Haken. Auf keinen Fall wollte ich zum Verräter werden, so wie diejenigen, die vielleicht aus ähnlichen Beweggründen heraus gehandelt hatten. Und was hatten sie erreicht? Das drohende Unheil, die technische Apokalypse und die Vernichtung allen Lebens auf der Erde aus „Versehen" war nur um so schneller in den Bereich des Möglichen gerückt.

Diesmal mußte, wenn überhaupt, ein anderer Weg beschritten werden. Die Katastrophe mußte verhindert werden, ohne daß ich das Geheimnis der Neun verriet.

Aber was war das für ein Weg?

Ich blieb zwei volle Tage in der Station, dann kehrte ich in den Untersberg zurück. Drei Wochen waren vergangen, und es war nicht schwer für mich, meinen Freunden und Bekannten einen Schmalfilm von meiner Reise nach Amerika vorzuführen. Alle beneideten mich um die farbigen Eindrucke, die ich dort gesammelt hatte, aber keiner von ihnen ahnte, welche Sorgen mich bedrückten.

Es folgten längere „Reisen", und manchmal war ich bis zu einem halben Jahr unterwegs – oder präziser ausgedrückt: von zu Hause abwesend. Man begann sich daran zu gewöhnen und bewunderte mein gutes Aussehen und meine jugendliche Frische, obwohl ich die Sechzig bereits überschritten hatte. Ich begann zu ahnen, daß ich bald aus dem Gesichtskreis jener, die mich zu gut kannten, verschwinden mußte.

So also ist es, dachte ich verbittert, wenn man langsamer altert als seine Umgebung. Wie erst mußte dann einem Unsterblichen zumute sein, falls es einen gab...?

Wie sollte ich mein „Verschwinden" arrangieren? Als ich die Station im Andenmassiv am Oberlauf des Amazonas aufsuchte, sprach ich darüber mit Nummer Sieben. Er trug seine Kapuze. Ich würde sie erst dann überziehen müssen, wenn ich Nummer Acht wurde.

„Das ist kein Problem", sagte er und schien unter seiner Maske zu lächeln. „Hast du eine Ahnung, wieviel tausend Menschen jährlich spurlos verschwinden? Der Kreis derjenigen, die du kennst, ist unwichtig im Vergleich zu deiner Aufgabe. Du bist viel auf Reisen, und von einer wirst du einfach nicht mehr zurückkehren. Verschollen, wird es dann heißen. Ein Jahr später hat man dich vergessen."

„Und wenn ich einem von ihnen begegne, was dann?"

„Er wird dich nicht erkennen, dafür ist gesorgt."

„Ich kann mich nicht ohne Abschied von ihnen trennen. Vielleicht bin ich zu sentimental."

Zwei himmelblaue Augen fixierten mich.

„Man gewöhnt sich daran."

Seine Augen irritierten mich. Sie erinnerten mich an jemand, dem ich vielleicht einmal begegnet war. Er wußte, wer ich war. Ihn aber würde ich niemals ohne Maske sehen. Das Sicherheitssystem war perfekt.

„Ich habe wohl keine andere Wahl?" Murmelte ich.

„Nein!" sagte er kurz und bündig.

Ich ließ fünf Jahre verstreichen, für mich knapp sechs Monate. Die Zeitverschiebungen in den einzelnen Stationen waren unterschiedlich und ließen sich weder vorausberechnen noch sicher bestimmen.

Zweimal schon hatte ich das jährliche Zusammentreffen unseres Freundeskreises versäumt, aber diesmal war ich dabei. Ich hatte mich endgültig entschlossen, Abschied zu nehmen.

Rico kam auf mich zu.

„Mann, du hast dich ja kaum verändert. Wie machst du das?"

„Ich lebe gesund", versicherte ich lachend, obwohl mir nicht danach zumute war. „Ihr seht aber alle bestens aus."

Dann saßen wir zusammen um den brennenden Kamin, der inmitten des großen Raumes stand, den wir „Ritterhalle" getauft hatten.

„Nach Australien willst du?" vergewisserte sich Eric, als ich meine nächsten Reisepläne erwähnte. „Wird dir sicher gefallen. Sidney, Perth..."

„Nicht die Städte!" unterbrach ich ihn. „Ins Innere will ich! Quer durch den Kontinent. Mit einem Jeep."

„Bist du verrückt? Das ist auch heute noch lebensgefährlich."

„Gerade deswegen reizt es mich. Da gibt es noch eine Menge zu entdecken. Wir kennen die Gegend ja nur vom Flugzeug aus."

„Gehst du allein?"

„Ja".

Die Holzsscheite brannten lichterloh, und Bernd mußte den Spieß ein wenig zurückziehen. Es duftete nach gebratenem Fleisch.

„Eines Tages wirst du auf der Strecke bleiben", prophezeite Willi düster, ohne zu ahnen, welchen Gefallen er mir mit seiner Bemerkung tat. „Kann doch nicht gut gehen, so etwas."

„Kannst du nicht einen von uns mitnehmen?" fragte Uli. „Mich zum Beispiel..."

Alle lachten. Ich schließlich auch. Es wurde eine wunderbare Abschiedsfeier, aber das wußte niemand außer mir.

Die Schlagzeile, die mir wenige Tage später ins Auge sprang, lautete:

Sensationelle Erfindung - dem italienischen Elektroingenieur Carlos Bastelli ist es angeblich gelungen, durch eine teilweise Neutralisierung der irdischen Schwerkraft das Prinzip des Hovercraft wesentlich zu verbessern. Ein unbemanntes Modell, das er gestern vor einem Kreis anerkannter Fachleute vorführte, schwebte ohne die üblichen Luftkissen etwa zehn Meter über der Wasseroberfläche und erreichte eine Geschwindigkeit von mehr als fünfhundert Stundenkilometer. Der Erfinder behauptet, mit Düsenantrieb die Schallgeschwindigkeit überschreiten zu können. Über technische Einzelheiten seiner Erfindung machte Bastelli keine näheren Angaben, Fachleute sind jedoch der Meinung, daß es ihm gelungen sei, durch eine völlig neuartige Magnetfelderzeugung die Erdgravitation zum großen Teil aufzuheben, so daß Masse und Gewicht des betreffenden Fahrzeugs keine Rolle mehr spielen. Was diese Methode sowohl für den Passagierverkehr als auch für schnelle Truppenverschiebungen über Land oder Wasser bedeutet, ist kaum abzusehen.

Soweit der Artikel. Aufhebung der Schwerkraft – ein uralter Traum der Menschheit. Er sollte sich erfüllt haben? Eine unvorstellbare Weiterentwicklung des Transportwesens würde das bedeuten. Riesige Schiffe, die in zehn Metern Höhe und in wenigen Stunden schneller als ein Flugzeug den Atlantik überqueren konnten...
...oder mit Atomköpfen versehene Raketen, die ohne Probleme unter den Radarfächern hindurch den Erdball umkreisen und überall ihr Ziel erreichen konnten.
Gab es keine technischen Neuerungen mehr, die nicht der Perfektion der Vernichtung dienten?
Ich sah wieder auf die Zeitung. Unter dem Artikel war zu lesen: siehe auch Seite acht. Ich schlug sie auf.
Der Lebenslauf des Carlos Bastelli wurde kurz abgehandelt. Er hatte sich aus kleinen Verhältnissen emporgearbeitet und war durch seine überragende Intelligenz bald aufgefallen. Es gab Stipendien,

Auszeichnungen und theoretische Arbeiten. Und nun der große Durchbruch.

Mein Blick fiel auf das Foto.

Es war nicht besonders deutlich und etwas verwischt. Trotzdem stutzte ich. Das Gesicht kam mir vage bekannt vor, aber ich konnte mich nicht erinnern, dem Mann jemals in meinem Leben begegnet zu sein. Schon wollte ich die Zeitung achtlos fort legen, als mir plötzlich ein Gedanke kam und ein Verdacht in mir aufstieg, so verrückt und phantastisch, daß ich mich einen Narren schalt. Aber auf der anderen Seite wußte ich nun auch, daß auf dieser Welt nichts, aber auch gar nichts unmöglich war.

DIE ENTSCHEIDUNG

Von meiner Station aus rief ich die anderen und erfuhr, daß Nummer Eins in Afrika war. Eine Adresse erschien nicht auf dem Schirm, er hielt sich also in unmittelbarer Nähe auf und würde nicht lange fortbleiben.

Der Transmitter brachte mich in den Karisimbi.

Der Berg lag etwa zweihundert Kilometer westlich des Viktoriasees und war mehr als viertausend Meter hoch. Niemand konnte ahnen, daß es in seinem Innern riesige Hohlräume gab, zu denen von außen her jeder Zugang fehlte.

Nummer Eins erschien wenig später in dem Aufenthaltsraum der Station, nachdem er meine Anmeldung in der Zentrale vorgefunden hatte. Ehe er eine Frage stellen konnte, nahm ich die Zeitung aus der Tasche, faltete sie auseinander und legte sie auf den Tisch. Wortlos deutete ich auf den Artikel und auf das Photo.

Er las den Bericht und studierte das undeutliche Bild. Dann sahen mich seine Augen durch die Schlitze der Kapuze an. „Wer soll das sein?" fragte er schließlich.

„Carlos Bastelli."

„Und?"

„Kommt dir das Gesicht trotz einiger Veränderungen nicht bekannt vor? Ich bin sicher, es im Archiv gesehen zu haben. Ich wollte nur deine Bestätigung, und der Tonfall deiner Stimme hat mir Unsicherheit verraten. Der Mann auf dem Photo hat sich einer gesichtchirurgischen Operation unterzogen, das steht fest. Aber die Ähnlichkeit ist geblieben."

Abermals betrachtete Nummer Eins das Photo, diesmal länger und aufmerksamer. Wieder sah er mich an.

„Ein schlechtes Bild, aber du könntest recht haben. Die Spuren des Eingriffs sind schwach zu erkennen. Man könnte in der Tat auf den Gedanken kommen, es handele sich bei diesem Bastelli um den Grafen von Saint-Germain."

„Und was nun?" fragte ich.

Er zögerte einige Sekunden, ehe er antwortete:

„Wir müssen die anderen informieren. Es hat wenig Sinn, wenn nur einer von uns handelt. Bastelli wohnt in Triest, in einer Stadt also, in der Spuren leicht verlorengehen. Was schlägst du vor?"

„Journalist", sagte ich. „Ich werde versuchen, ein Interview mit ihm zu erhalten."

„Das allein genügt nicht!" Seine Stimme klang plötzlich hart und entschlossen „Der Auftrag lautet, den Unsterblichen zu töten. Es ist ein Auftrag, der viele tausend Jahre alt ist."

„Mord...?" vergewisserte ich mich erschrocken.

„Nur die Vollstreckung eines alten Urteils", korrigierte Nummer Eins. „Siehst du denn nicht selbst, welchen Schaden er anrichtet, wenn er das alte Wissen, das einst eine blühende Zivilisation vernichtete, der heutigen Menschheit preisgibt! Die Beherrschung der Gravitation kann sowohl eine großartige Entwicklung einleiten, als auch den Untergang. Das Wissen um das Geheimnis der Schwerkraft gab es schon einmal. Damals profitierte die Menschheit davon, trotzdem kam es zur Katastrophe. Es würde heute wieder dazu kommen, wenn dieser Bastelli auch nur mit einem bescheidenen Anfang vor die Öffentlichkeit getreten ist."

„Anfang...?"

„Du hast Phantasie genug, dir die nachfolgende Entwicklung auszumalen", sagte er ungehalten. Sein Tonfall wurde wieder freundlicher, als er fortfuhr: „Keine Sorge, diesmal wird es nicht soweit kommen. Kehre nun in deine Station zurück. Vielleicht sehen wir uns in Triest."

„Die Kapuze!" erinnerte ich ihn.

Er lachte.

„Natürlich werde ich keine tragen, du würdest mich ja sonst erkennen – in gewissem Sinn natürlich nur."

Wie recht er hatte. Ohne die Maske war Nummer Eins ein absolut Fremder für mich.

Ich hielt mich nur wenige Stunden im Untersberg auf, damit draußen nicht zuviel Zeit verging. Nachdem ich noch einmal die Unterlagen im Archiv studiert und die vorhandenen Bilder mit dem Zeitungsphoto verglichen hatte, war ich absolut sicher, daß Bastelli mit dem Grafen von Saint-Germain identisch sein mußte.

Offiziell existierten weder Photos noch Bilder von dem Grafen, nur vage Beschreibungen seiner jeweiligen Zeitgenossen. Anders hier im Archiv. Die chronologisch geordneten Photos zeigten ihn in seinen verschiedenen Verkleidungen und unterschiedlichen Zeitepochen. Eines jedoch hatten sie alle gemeinsam: der auffällig geringe Abstand von Pupille zu Pupille war auf allen Abbildungen gleich.

Ich schob das Zeitungsphoto unter den Maßstabkorrektor, der einen solchen Vergleich erst exakt ermöglichte, und siehe da: auch bei Bastelli stimmte der Pupillenabstand, der sich chirurgisch nicht verändern ließ, haargenau.

Damit war auch der letzte Zweifel ausgeräumt.

Mit dem gültigen Presseausweis einer wissenschaftlichen Fachzeitschrift für Geologie versehen, fuhr ich nach Triest, einer Stadt, in der ich viele Freunde hatte. Damit ich ein wenig älter aussah, hatte ich mir die Haare grau färben lassen. Bastellis Haus wurde von einer Armee sensationslüsterner Journalisten belagert. Mir blieb nichts anderes übrig, als mich unter sie zu mischen und auf meine Chance zu warten. Sie kam am späten Nachmittag, als Bastelli bekanntgeben ließ, daß er bereit sei, die Vertreter angesehener Fachblätter für dreißig Minuten zu empfangen. Die Boulevardpresse könne nach Hause gehen.

Zusammen mit einer Gruppe von etwa zwanzig Personen betrat ich das außerhalb der Stadt gelegene Landhaus, begleitet von den forschenden Blicken einiger Polizisten und Beamten in Zivil. Drei dieser Zivilisten trugen schwarze Anzüge und schwarze Hüte, aber das fiel mir erst später wieder ein.

Bastelli saß hinter einem schweren Schreibtisch und musterte uns voller Interesse. Der stechende Blick seiner Augen ging mir durch und durch, und für eine winzige Sekunde glaubte ich, daß er Verdacht schöpfte, aber dann sagte ich mir, daß dies völlig unmöglich sein müsse.

Seine Augen standen auffällig eng zusammen.

„Meine Herren", unterbrach er das erwartungsvolle Schweigen, „stellen Sie Ihre Fragen. Möglichst kurz, meine Zeit ist knapp bemessen."

Es wäre überflüssig, an dieser Stelle das übliche Frage- und Antwortspiel zu wiederholen. Mein Tonband lief, und ich hielt mich im Hintergrund. Lediglich als Photos geschossen werden durften, schloß ich mich dem Beispiel der Journalisten an.

Im Hotel hörte ich mir in Ruhe die Aufzeichnung an und versuchte, auch einen akustischen Beweis für die wahre Identität des angeblichen Bastelli zu entdecken, leider vergeblich. Es gab keine Vergleichsmöglichkeiten, außerdem drückte er sich sehr allgemein und mit äußerster Vorsicht aus. Wenig überzeugend fand ich allerdings seine Bemerkung, er hoffe, seine Erfindung erweise sich als ein Markstein auf dem Weg zum ewigen Frieden.

Ich lauschte dem Tonfall nach. Klang das nicht zynisch? Was meinte er wirklich mit dem ewigen Frieden für die Menschheit?

Wir trafen uns im Gavea bei Rio. Die Station war zu diesem Zeitpunkt von Nummer Drei besetzt. Wieder war ich der einzige, der ohne Kapuze erschien. Ich überlegte, ob Nummer Eins wohl auch in Triest gewesen war.

Auf dem großen Wandschirm standen zehn Porträtaufnahmen des Verdächtigen, das letzte Bild stammte von mir. Ein Leuchtmesser tastete die maßstabgleichen Photos ab. Die Genauigkeit betrug ein Tausendstel Millimeter. Der Abstand der Pupillen, von ihrem Zentrum aus gemessen, war bei allen Aufnahmen absolut gleich. Ein solcher Zufall war ausgeschlossen.

„Er ist es!" sagte Nummer Eins. „Ein Irrtum ist unmöglich! Ich habe alle notwendigen Schritte eingeleitet, euer Einverständnis voraussetzend. Der Graf ist schon jetzt so gut wie tot."

Das zustimmende Gemurmel bestätigte das Urteil.

Mir selbst erschien das alles zu übereilt, abgesehen von meinem heimlichen Verlangen, mehr über die Vergangenheit des Grafen zu erfahren – und zwar von ihm selbst. Er war der einzige lebende Zeuge vieler tausend Jahre menschlicher Geschichte.

Nummer Eins fuhr fort:

„Ich habe unserem Fond fünf Kilogramm Gold entnommen, das als Bezahlung dienen wird. Die betreffenden Männer kennen ihren Auftraggeber nicht. Sie nehmen an, daß ein Konzern dahintersteckt. Diesmal muß endgültig Schluß sein mit dem Grafen."

Ich war zutiefst erschrocken, als ich mich sagen hörte:

„Unsere Bruderschaft hat es sich zur Aufgabe gemacht, der Menschheit zu helfen und ihren Untergang zu verhindern. Wir vertreten hohe ethische Grundsätze. Ist das mit einem Mord zu vereinbaren?"

Acht Augenpaare starrten mich aus den Kapuzenlöchern an.

„Ja, das ist es", sagte Nummer Eins streng. „Es sei denn, du hast eine bessere Lösung."

„Nehmt ihm die Erinnerung, so wie meinem Vorgänger."

„Du vergißt den gewaltigen Unterschied zwischen dem Grafen und Langström. Der Graf ist unsterblich, Langström nicht. Früher oder später würde man Saint-Germain, ob von Amnesie befallen oder mit neuer Erinnerung, aufgreifen und in einer Anstalt unterbringen. Und was dann? Nach einigen Jahren bereits würde man beginnen, sich über ihn zu wundern, weil kein Prozeß des Alterns einsetzt. Genaue Untersuchungen würden eingeleitet, sehr genaue sogar. Es wäre nicht unmöglich, den Amnesieblock unter den zu erwartenden extremen Bedingungen zu sprengen. Das aber wäre das Ende, denn der Graf würde dann keine Skrupel mehr kennen und sein gesamtes Wissen ausplaudern. Was danach mit großer Wahrscheinlichkeit geschehen könnte, überlasse ich deiner Phantasie."

Ich wußte, daß er recht hatte, trotzdem blieben Zweifel in mir zurück. Stumm nickte ich mein Einverständnis.

Von meiner Reise quer durch Australien kehrte ich nicht mehr zurück. Die kurze Notiz in meinem Heimatblatt besagte, daß ich bei meiner Fahrt durch die fast unerforschten Gebiete des Kontinents wahrscheinlich eine Panne mit dem Jeep gehabt hätte und zudem noch das Funkgerät ausgefallen sei. Selbst die Suche mit Sportflugzeugen sei ergebnislos verlaufen. Ein halbes Jahr später wurde ich offiziell für tot erklärt, und da ich keine näheren Verwandten besaß, fiel mein bescheidenes Vermögen dem Tierschutzverein zu.

Ich selbst verließ, mit einer neuen Identität versehen, eine amerikanische Privatklinik und kehrte nach Europa zurück, wo ich in Salzburg in einem großen Wohnblock ein Zwei-Zimmer-Apartment bezog. Niemand kannte mich, und keiner kümmerte sich hier um den anderen.

Da ich nun wie Vierzig aussah und mein Gesicht eine entscheidende Veränderung erfahren hatte – sogar neue Fingerrillen besaß ich –, würde ich mich gut zwanzig Jahre ungestört und ohne Verdacht unter meinen Mitmenschen bewegen können. Selbst meine alten Freunde würden mich nicht wiedererkennen.

Ich war nun Geschäftsmann und viel auf Reisen. Eine meiner ersten führte mich nach Triest.

Zuvor war ich in meiner Station gewesen, um letzte Informationen einzuholen. Bastelli lebte noch, war aber nach einem mißlungenen Attentatsversuch spurlos verschwunden. Mit ihm seine ganzen Pläne, so daß auch die Spezialisten nichts mit seiner Erfindung anfangen konnten. Ihnen blieb nur das Versuchsmodell, aber sie wagten nicht, es durch Zerlegen zu zerstören.

Da inzwischen drei Monate vergangen waren, hatte ich wenig Hoffnung, mehr zu erreichen als Interpol, die sich eingeschaltet hatte. Carlos Bastelli schien sich in Luft aufgelöst zu haben.

Sein Landhaus stand leer, und nur selten noch kamen Neugierige, um es von der Straße her zu bestaunen. Der parkähnliche Garten begann zu verwildern. Es fiel mir nicht schwer, ins Haus zu gelangen und die Zimmer zu durchsuchen. Die Polizei war mir natürlich zuvorgekommen, aber vielleicht hatte sie etwas übersehen. Der schwere Schreibtisch war abgeschlossen, aber ich entdeckte ein Geheimfach und öffnete es nach langem Suchen durch einen Druck auf die Seitenleiste. Es war leer. Inzwischen begann es zu dunkeln. Es wurde Zeit, ins Hotel zurückzukehren. Es war zu riskant, Licht einzuschalten. Als ich die Vorhalle betrat, flammte ein starker Scheinwerfer auf, dessen Kegel mich in blendende Helligkeit tauchte. Ich schloß halb die Augen und blieb stehen. „Wen haben wir denn da?" fragte eine barsche Stimme. „Privater Schnüffler, he?"

„Hier ist nichts zu holen", erwiderte ich geistesgegenwärtig, denn von der Polizei war der Kerl bestimmt nicht.

„Pech gehabt, was? Mann, dann hau bloß ab!"

„Kollege?" erkundigte ich mich vorsichtig.

„Vielleicht", deutete er an. „Was suchst du hier?"

„Dasselbe wie du, nehme ich an."

„Das glaube ich kaum." Seiner Aussprache nach war er kein Italiener. Er ließ die Taschenlampe kreisen, ohne daß ich sein Gesicht erkennen konnte. Dann leuchtete er mich wieder an. „Wolltest du wirklich nur klauen? Du siehst nicht wie ein Dieb aus."

Ich hatte immerhin bemerkt, daß er seine Waffe wieder ins Schulterhalfter geschoben hatte. Er hielt mich also für ungefährlich. Damit irrte er sich aber gewaltig. Vielleicht hätte ich überhaupt nichts unternommen und mich einfach verzogen, wenn nicht ein gewisser Verdacht in mir aufgestiegen wäre. Seine Andeutung, er suche hier etwas anderes als ich, machte mich stutzig.

Das war der Grund, warum ich handelte. Mit einem Satz war ich bei ihm und prallte mit voller Wucht gegen seinen Körper. Er war nicht auf den plötzlichen Überfall gefaßt und verlor das Gleichgewicht. Noch während er stürzte, erwischte ich den Kolben seiner Waffe und zog sie aus dem Halfter. Es war ein Revolver. Ich entriß dem Fremden noch die Lampe und sprang zurück, die Waffe auf ihn gerichtet.

Das alles hatte knapp fünf Sekunden gedauert. Er mochte dreißig Jahre alt sein und hatte blondes Haar. Sein Gesicht verriet Überraschung, aber mehr auch nicht. Er schien auf etwas zu lauschen, dann grinste er.

„Es wäre besser, du bleibst friedlich", riet er mir. „Sonst hast du nur noch ein paar Minuten zu leben."

Seine Zuversicht machte mich unsicher. Außerdem hörte ich Geräusche irgendwo im Haus. Schritte näherten sich, dann flammte das Licht an der Decke auf. Drei Männer standen in der Vorhalle, ihre Revolver auf mich gerichtet.

„Nun?" sagte einer von ihnen gedehnt. „Laß schon fallen, oder wir drücken ab."

Ich sah ein, daß jede Gegenwehr sinnlos war. Der Revolver wechselte abermals seinen Besitzer. Der Mann, den ich überrumpelt hatte, stand auf und stieß mir die Faust in den Magen, nicht sonderlich fest, fast freundschaftlich.

„Das nächste Mal bist du wohl vorsichtiger", meinte er nur und wandte sich an die anderen: „Lassen wir ihn laufen?"

„Vielleicht weiß er etwas über den Verbleib Bastellis", hoffte einer von ihnen. „Wir quetschen ihn besser aus."

Sie suchten also keine Beute, sondern Bastelli! Ich hatte es nicht mit gewöhnlichen Einbrechern zu tun. Ich setzte alles auf eine Karte.

„Habt ihr vielleicht den Auftrag, ihn zu finden – und zu töten?" fragte ich und hielt vor Spannung den Atem an.

Sie starrten mich an.

„Wie kommst du denn darauf?" Der Blonde hatte sich zuerst von seiner Überraschung erholt. „Wohl verrückt, was?"

„Wenn es aber so ist, stehen wir am selben Ufer", blieb ich hartnäckig auf der einmal eingeschlagenen Linie. „Ihr wurdet mit Gold bezahlt, oder nicht?"

Sie warfen sich Blicke zu, die leicht zu deuten waren. Sie besprachen sich, ohne auch nur ein Wort zu wechseln. „Und wenn dem so wäre?" lauerte einer von ihnen.

„Dann gehöre ich zu euren Auftraggebern. Es waren fünf Kilo Gold. Warum habt ihr den Auftrag noch nicht ausgeführt?"

„Wer steckt dahinter?"

Ich schüttelte den Kopf. „Tut mir leid, das erfahrt ihr nie. Und wenn, dann wäret ihr eures Lebens nicht mehr sicher. Fragt also besser nicht." Ich hatte nun Oberwasser, und die Situation hatte sich zu meinen Gunsten verändert. „Wo ist Bastelli?"

„Den suchen wir doch gerade! Er verschwand vor knapp drei Monaten. Spurlos. Wir haben die halbe Welt nach ihm abgesucht, und nun hofften wir, hier einen Hinweis zu finden."

„Ich auch", gab ich zu. „Und – habt ihr was gefunden?"

„Nichts."

Bastelli lebte also noch und hielt sich irgendwo versteckt. Ich wollte ihn finden und mit ihm reden. Aber wenn diese vier bezahlten Killer ihn nicht fanden, wie sollte ich dann Erfolg haben?

„Sucht weiter, bezahlt seid ihr ja schon. Und kommt mir nicht auf die Idee, einfach zu verduften. Wir würden euch finden!"

„Ist uns auch klar."

Ich nickte ihnen zu.

„Sollte ich ihn zuerst entdecken, informiere ich euch. Wie?"

„Triest! Hauptpostlagernd. Kennwort: Fünf Kilo. Jede Woche ist einer von uns hier in der Nähe und schaut nach."

„Gut. Ich werde auch nachfragen. Vielleicht habt ihr mehr Glück als ich."

„Wäre aber kein Glück für Bastelli", sagte der Blonde und grinste gemein.

Ich hätte ihm am liebsten mitten ins Gesicht geschlagen. Aber ich lächelte nur freundlich zurück, wünschte ihnen Erfolg, verließ das

Haus und gelangte durch den Park auf eine Nebenstraße. Zu Fuß kehrte ich ins Hotel zurück. Der Spaziergang tat mir gut.

Ich fand Bastelli schneller, als ich gehofft hatte, und vor allen Dingen unter Umständen, die alles andere als erfreulich waren. Sie versetzten meinem Selbstvertrauen einen harten Schlag.

Mein Selbstbewußtsein hatte sich ungemein gesteigert, nachdem ich alten Freunden von mir begegnet war, ohne daß sie mich erkannt hätten. Früher oft bis zu zwanzig Jahre jünger als ich, waren sie nun scheinbar genauso alt. Mich selbst erwähnten sie kaum noch in ihren Gesprächen. Für sie war ich gestorben.

Nach einem kurzen Aufenthalt im Berg Gavea verzichtete ich auf den Transmitter und nahm mir ein Hotelzimmer in Rio. Ein paar Tage Erholung würden nicht schaden, dachte ich. Die Bruderschaft hatte den vier Killern weitere fünf Kilo Gold versprochen, die nach der überprüften Vollzugsmeldung ausgehändigt werden sollten.

An diesem Abend wanderte ich ziellos durch die Nachtlokale der Stadt, trank Planters Punch oder Bier und sah meine private Mission schon als gescheitert an. Zum Abschluß meines Bummels wählte ich ein Café an der Strandpromenade und beobachtete geistesabwesend die vorbeiflanierenden Fußgänger. So sah ich den Mann nicht, der von hinten an meinen Tisch kam und sich neben mich auf den freien Stuhl setzte. Ich drehte mich zu ihm um und blickte in das bärtige Gesicht eines Individuums, das mich entfernt an Fidel Castro erinnerte.

Ehe ich etwas sagen konnte, hob er beschwichtigend die linke Hand und fuhr mit der rechten unter den Rockaufschlag. Ich erkannte den Griff eines Revolvers im Schulterhalfter.

„Nur ruhig Blut, Nummer Neun! Für Sie, fürchte ich, ist die Jagd beendet. Trinken Sie Ihr Zeug da aus, dann gehen wir."

Ich starrte ihn fassungslos an. Der Bart hatte ihn stark verändert. Aber der Abstand der Pupillen stimmte.

„Wie... wie haben Sie mich erkannt?" stotterte ich, wie gelähmt von dem Schock der unerwarteten Begegnung.

„Trinken Sie endlich aus! Und bezahlen Sie, sonst gibt es überflüssigen Ärger. Mein Hotel ist gleich um die Ecke."

Ich schob einen Geldschein unter das noch halbvolle Glas.

„Was haben Sie vor?" fragte ich und spürte, wie die Angst meine Kehle fast zuschnürte. Vielleicht sollte ich einfach aufspringen und weglaufen. Oder die Passanten aufmerksam machen. „Ich habe Ihnen nichts getan. Wer sind Sie überhaupt?"

Er lächelte, und der stechende Blick seiner Augen traf mich wie ein Dolchstoß.

„Sie sind ein schlechter Schauspieler, Nummer Neun. Sie denken an Flucht? Was wollen Sie denn den Leuten erzählen? Wer soll Ihnen denn so eine phantastische Geschichte glauben? Unsinn! Kommen Sie schon!"

„Sie verkennen die Sachlage, Bastelli – oder wie immer Sie sich jetzt nennen mögen. Ich wollte mit Ihnen reden, deshalb suche ich Sie."

„Sie verhandelten mit meinen Mördern."

„Doch nur zum Schein." Es war die Wahrheit, aber würde er sie glauben? Immerhin nickte er.

„Also gut, reden wir. Aber nicht hier."

Er knöpfte seine Jacke zu und stand auf. Ich folgte seinem Beispiel und erhob mich ebenfalls. Ich hatte noch immer Angst und suchte krampfhaft nach einem Ausweg. Die Unterredung mit ihm hatte ich mir unter umgekehrten Vorzeichen vorgestellt.

Woher, zum Teufel, konnte er wissen, wer ich war?

Wie zwei gute Bekannte spazierten wir an der Häuserreihe entlang, zwängten uns durch die vielen Menschen, die den warmen Abend genossen, und bogen schließlich in die Nebenstraße ein. Er holte den Schlüssel. Im Lift wechselten wir kein Wort. Erst als er die Tür zu seinem Apartment öffnete, ließ er mir den Vortritt und sagte:

„Fühlen Sie sich wie zu Hause, Nummer Neun. Ich werde etwas Trinkbares bestellen. Wie ich Sie kenne, bevorzugen Sie in dieser Situation einen dreifachen Bourbon."

Ich nickte wortlos. Meine Gewohnheiten kannte er also auch! Die ganze Geschichte wurde immer rätselhafter.

Als der Zimmerkellner die Getränke gebracht hatte, saßen wir uns an dem kleinen Tisch in bequemen Sesseln gegenüber. Fenster und Läden waren geschlossen. Wir waren allein, und ich kam mir sehr verlassen vor. Aber ich verspürte seltsamerweise keine Furcht mehr.

„Da Sie wissen, wer ich bin", sagte er endlich, „kann ich mir eine lange Vorgeschichte ersparen. Vorerst wenigstens. Ihr Pluspunkt ist, daß Sie bei meiner ‚Verurteilung' zwar nicht direkt widersprachen, aber Bedenken anmeldeten. Damit hatten Sie recht. Ich bin zwar ein Verräter nach den uralten Gesetzen der Wissenden, aber diese Gesetze sind längst überholt."

„Die Bruderschaft..."

„Sie vertritt längst nicht mehr gültige Traditionen. Zugegeben, ich habe mich einmal geirrt, aber im großen und ganzen gab mir die Zeit recht. Wo wäre denn die Menschheit heute, hätte ich nicht hier oder da eingegriffen und geholfen? Im finstersten Mittelalter, glauben Sie mir. Man würde noch mit Kerzen leuchten und mit Holz heizen."

„Vielleicht wäre das besser gewesen", warf ich ein.

„So, meinen Sie? Zurück zur Natur, was? Nun ja, einen Vorteil hätte das vielleicht gehabt: Es gäbe weniger Menschen auf der übervölkerten Erde. Aber jetzt gibt es zu viele, das ist das Problem! Es kann nur durch eine beschleunigte Entwicklung der Technologie gelöst werden."

Ganz unrecht hatte er nicht, aber ich wollte und mußte widersprechen, um die Wahrheit zu finden. Ich mußte ganz im Sinn der Bruderschaft denken, um ihn aus der Reserve zu locken.

„Und was ist mit Ihrer Bastelli-Erfindung? Dient sie nicht der Vervollkommnung der Kriegsmaschinerie? Dienen nicht alle neuen Entdeckungen schlußendlich der Vernichtung von Menschenleben?"

„Nicht alle!" Der Graf räusperte sich. „Der Krieg ist keineswegs der Vater aller Dinge, er ist jedoch das Nebenprodukt des Fortschritts und ein untaugliches Mittel der Politik. Das ist nicht zu ändern, und es begann, als der Mensch das Feuer entdeckte. Oder Pfeil und Bogen, damals eine Superwaffe, weil man zum erstenmal auf Entfernung töten konnte. Sie diente ursprünglich der Jagd, aber dann wurde eine Mordwaffe daraus. Und so ist es mit allen Erfindungen. Anfangs bringen Sie Segen, dann den Tod."

„Eisen, Öl, das Atom..."

„Alles!" bekräftigte er.

„Aber – warum haben sie es dann getan?" brach es aus mir heraus.

Er lehnte sich zurück und betrachtete mich lange, ehe er sagte:

„Bevor die Welt damals unterging, war eine Technologie entstanden, die sich selbst entwickelt hatte, und doch zerstörte sie die vorhandene Zivilisation. Genau das will ich diesmal verhindern. Ich hoffte, eine vorangetriebene Entwicklung würde den Menschen klüger und vorsichtiger machen, und in manchen Dingen behielt ich recht. Aber leider nicht in allen. Das Rad der Zeit läßt sich jedoch nicht zurückdrehen. Ich bin gezwungen, den eingeschlagenen Weg weiterzugehen. Ein Rückschritt wäre die Katastrophe."

„Sie hat schon begonnen", warf ich ihm vor. „Die Energiekrise..."

„Ist eigentlich noch keine. Der zivilisierte Mensch lebt über seine Verhältnisse, das ist alles. Würde er sich mehr bescheiden, gäbe es diese Krise überhaupt nicht. Er hat sich zu sehr auf das Öl als Energieträger verlassen, dabei gibt es andere und bessere. Zum Beispiel die Gravitation."

„Jedes Turbinenkraftwerk arbeitet dank der Gravitation, denn ohne sie gäbe es kein fließendes Wasser."

„Richtig! Ebenso unerschöpflich sind die Energien, die bei Ebbe und Flut vergeudet werden. Entsprechende Kraftwerke an den Küsten Nordeuropas könnten den ganzen Kontinent mit Strom versorgen. Meine Hinweise verhallten ungehört."

„Atomenergie!" sagte ich gespannt.

„Ich war nicht ganz unschuldig, daß man sie entdeckte, aber ich hätte den Menschen besser kennen sollen. Natürlich entwickelte er sofort eine furchtbare Waffe mit den neuen Erkenntnissen, statt sie friedlich zu nutzen. Aber Atomenergie ist nur eine Zwischenlösung, weil die besseren bisher vernachlässigt wurden. Also entweder sie, oder Stagnation – bis die Zeit reif ist."

„Reif – wozu?"

Er lächelte und trank mir zu.

„Der Begriff ‚Endlösung' hat einen bitteren Beigeschmack, aber ich nenne ihn jetzt im Zusammenhang mit der Energiefrage. Mein heimliches Eingreifen hat dafür gesorgt, daß der Mensch seinen Planeten verlassen konnte, wenn auch bisher nur in kleinen Schritten. Immerhin: man befaßt sich mit dem Kosmos. Und dieser Kosmos ist angefüllt mit Energie, die nur angezapft werden muß. Wenn das einst gelungen sein wird, beginnt ein goldenes Zeitalter, oder aber die Erde wird vernichtet. Eins von beiden."

„Es liegt in unserer Hand", murmelte ich hilflos.

Mir war völlig klar, daß Saint-Germain in vielen Dingen recht hatte, aber den Stein der Weisen hatte auch er nicht erfunden. Ob seine Methode erfolgreich sein würde, konnte sich erst in der Zukunft erweisen. Die Preisgabe seines Wissens in kleinen Portionen und in Form vager Hinweise hatte in den vergangenen hundert Jahren zu einer wahren Explosion der technischen Weiterentwicklung geführt, aber die Natur des Menschen hatte nicht Schritt halten können. Emotionen waren noch immer stärker als rationale Überlegungen, nationale Interessen dominierten über globale Notwendigkeiten. Und das eben war es, was alle guten Absichten des Grafen durchkreuzte.

Er schien meine Gedanken erraten zu haben, denn er meinte:

„Der Mensch ist noch nicht reif. Er wird mit dem, was er erreichte, nicht mehr fertig. Er ist zu egoistisch, sich heute ein wenig zu bescheiden. Er würde es als Stagnation und Rückschritt bezeichnen."

„Wir sind fast einer Meinung", gab ich ihm recht und lächelte.

Sein Gesicht jedoch blieb ernst.

„Das ändert nichts daran, daß ich Sie für eine Weile isolieren muß, Nummer Neun. Sie gehören zu jenen, die mich bestrafen wollen. Es wäre Ihre Pflicht, mich zu jagen und zu töten."

„Und was haben Sie mit mir vor?"

Ich war selbst darüber erstaunt, nicht besonders beunruhigt zu sein. Erklären konnte ich mir diese Tatsache nicht.

„Keine Sorge, ich bringe Sie nicht um. Aber ich verfüge über ausgezeichnete Verstecke in allen Teilen der Welt. Oft mußte ich Jahre in ihnen verbringen, wenn man mir dicht auf den Fersen war. In ein solches Versteck werde ich Sie bringen."

„Und wenn ich mich weigere?"

Jetzt lächelte er wieder.

„Es liegt mir fern, Gewalt anzuwenden, aber dann hätte ich keine andere Wahl. Seien wir doch ehrlich: Ihr erster Weg würde Sie in eine der Stationen führen, um die Bruderschaft zu informieren. Man würde mich zwar nicht finden, aber ich wäre gezwungen, mich wieder zu verstecken. Meine Aufgabe ist noch nicht beendet, und die Zeit drängt."

„Lassen Sie doch einfach den Dingen ihren Lauf", schlug ich vor.

„Dazu ist es zu spät. Noch ist Zeit für die Notbremse." Ohne mir zu erklären, was er damit meinte, wechselte er das Thema: „Wir werden das Hotel noch heute nacht verlassen. Ihre Sachen können Sie ja aus dem Ihren herüberbringen lassen."

Ein Blick in seine Augen verriet mir, daß ich seine Meinung nicht mehr zu ändern vermochte.

Seufzend griff ich zum Telefon.

Unter anderen Umständen hätte ich keine Einwände gegen das Versteck gehabt, in das Saint-Germain mich brachte. Es war schon immer mein Wunsch gewesen, Kanada als Tourist zu besuchen, aber jetzt war ich ein Gefangener.

Wir flogen bis nach Vancouver und nahmen von da aus den Überlandbus über Dog Creek nach Redstone. In einer Garage wartete ein schrottreifer Jeep, der uns über die schmale und holprige Straße bis Chezacut brachte. Hier war zwar die Straße zu Ende, aber wir fuhren über Feldwege und Waldschneisen noch gut hundert Kilometer weiter, bis wir am Fuß des zweieinhalbtausend Meter hohen Mount Downtown endlich unser Reiseziel erreichten. Ein Blick auf die Karte verriet mir, daß wir nur knapp fünfhundert Kilometer vom Mount Aylmer entfernt waren – ein gutes Omen?

Der Graf sah mich von der Seite her an.

„Ich weiß, was Sie denken, aber geben Sie die Hoffnung ruhig auf. Sie müßten hundert Kilometer durch die Wildnis laufen, ehe Sie das erste Haus sähen. Nehmen Sie lieber mit meinem vorlieb."

Von hohen Tannen umgeben, stand die flach gebaute Berghütte unmittelbar an die Felswand gelehnt, so als sei sie in diese hineingewachsen. Ich täuschte mich nicht. Sie war es tatsächlich.

Der Jeep verschwand in einer Garage, die in den Fels gesprengt worden war. Nach Abschaltung verschiedener Alarmanlagen betraten wir das Innere der Hütte, deren Einrichtung einen recht bescheidenen und unauffälligen Eindruck auf mich machte. Dann aber ging Saint-Germain zur Hinterfront und öffnete eine verborgene Tür. Zu meinem Erstaunen führte sie direkt in den Berg hinein. Wir brauchten nur wenige Meter zu gehen, bis wir ein wohnliches Höhlenlabyrinth erreichten, das gut und gern zehn Familien Platz geboten hätte.

„Sie werden sich hier wohl fühlen, Nummer Neun. Und fürchten Sie keine Zeitverschiebungen, die gibt es hier nicht. Sie erhalten ein eigenes Apartment und können sich frei hier drinnen bewegen, aber versuchen Sie nicht, die stählerne Tür nach draußen zu öffnen. Eine Etage tiefer finden Sie alles, was Sie zum Leben benötigen, auch frisches Quellwasser. Mit dem Fernsehgerät können Sie die ganze

Welt empfangen, wenn Sie Lust dazu verspüren. Auch einige andere Dinge, die Sie von den Stationen der Bruderschaft her kennen, stehen Ihnen zur Verfügung. Aber es gibt keine Einrichtung hier, mit der Sie Verbindung zu ihr aufnehmen könnten."

„Ich bin also Ihr Gefangener?"

Er nickte.

„Das dürfte die treffende Bezeichnung sein."

Es hatte Zeiten in meinem bewegten Leben gegeben, in denen mir meine augenblickliche Situation als Paradies erschienen wäre. Aber diese Zeiten waren vorbei, wenn auch nicht vergessen. Tausendjährige Reiche und ewige Paradiese – aus beiden Kategorien hatte ich gelernt. Nun stand ich vor einem goldenen Käfig und wußte, daß ich nichts daran ändern konnte.

„Sie werden mich allein hier zurücklassen?" fragte ich.

„Ich habe noch viel zu tun", erwiderte er. Wir gelangten durch hellerleuchtete und mit Teppichböden ausgelegte Korridore in meine künftige Behausung. Sie war luxuriös und bequem eingerichtet. „Sie werden jeden Sonntag um zwölf Uhr das TV-Gerät einschalten, den Kanal zeige ich Ihnen noch. Ich melde mich dann. Kontakt mit mir können Sie natürlich nicht aufnehmen, aber auf mein Stichwort hin schalten Sie das Gerät ab. Dann weiß ich, daß es... daß es Ihnen gutgeht."

Wie das funktionieren sollte, war mir unklar.

„Eine Kontrolle also?"

„In gewissem Sinn – ja. Aber auch zu Ihrem Vorteil. Sie könnten ja krank werden. Wenn Sie nicht reagieren, weiß ich es und werde sofort etwas unternehmen. Sie sind also keineswegs allein und verlassen."

Zwei Stunden lang zeigte er mir alles und erklärte mir, was ich zu tun habe, um die vielen Geräte zu bedienen. Selbst ein Projektor mit Tausenden von Mikrofilmen war vorhanden.

Bevor er mich verließ, sagte er noch:

„Im Augenblick mag ich Ihnen wie ein unversöhnlicher Gegner erscheinen, aber bald schon werden Sie einsehen, daß ich es nicht bin. Sobald die anderen acht der Bruderschaft ihre starre Haltung ändern und neue Gesetze schaffen, sind Sie frei. Sie werden an der Bruderschaft also kein Verräter sein. Das dürfte Ihr Gewissen entlasten."

Mit einem dumpfen Laut schloß sich die stählerne Tür. Wieder einmal war ich allein.

Der gekühlte Keller war angefüllt mit Konserven und haltbaren Lebensmitteln, die bis an mein Lebensende gereicht hätten. Die Getränkeabteilung hätte einem mittleren Supermarkt zur Ehre gereicht, und ich fragte mich unwillkürlich, wie Saint-Germain es geschafft hatte, die ganzen Vorräte unauffällig hierher zu transportieren.

Das Licht aus der Decke brannte immer, und die Räume im oberen Geschoß waren stets angenehm temperiert.

Woher stammt die Energie, überlegte ich. Aus jener kosmischen Quelle, die der Graf erwähnt hatte? War die Theorie von ihm bereits in die Praxis umgesetzt worden?

Die Datumsanzeige in meinem Wohnzimmer erinnerte mich daran, daß heute Sonntag war. Ich hielt mich bereits fünf Tage im Mount Downtown auf. Um zwölf Uhr schaltete ich die Frequenz des Grafen ein.

Eine Art Testbild erschien auf dem Bildschirm. Symbole, die ich gut kannte, vermischten sich zu chaotischen Farbmustern. Da war eine Pyramide, auf einer der Seitenflächen das symbolisierte Sonnensystem, dahinter unsere Milchstraße, leicht verschwommen. Ein Kreuz flimmerte über der Pyramidenspitze, dicht daneben einige mir unverständliche Runen. Die sieben hellsten Sterne der Plejaden waren deutlicher zu erkennen.

Warum gerade sie? Lag der Ursprung der Menschheit doch im Kosmos, so wie auch ihre Zukunft dort liegen mochte...?

Mir blieb keine Zeit, darüber nachzugrübeln. Das Testbild erlosch, und das Gesicht des Grafen von Saint-Germain erschien. Ich erkannte ihn nur an den Augen, auch wenn deren Farbe sich geändert hatte. Sie schimmerten nun grünlich und waren schmaler als sonst, fast wie die Augen eines Asiaten. Die Hautfarbe war dunkelbraun. Niemand außer mir hätte ihn so auf den ersten Blick erkennen können.

„Mein Freund", begann er und lächelte, als wolle er mich um Verzeihung bitten, „ich nehme doch an, daß ich Sie so nennen darf. Ich habe nur sechzig Sekunden Zeit, machen wir es also kurz. Die vier gedungenen Mörder sind tot. Auch Bastelli lebt offiziell nicht mehr, und in seinem Testament verfügt er, daß seine Erfindung durch die UNO verwaltet werden soll. Die Entdeckung der Antigravitation hat eine neue Entwicklung eingeleitet, die die konventionelle Atomenergie bald überflüssig machen wird. Das geschah alles in knapp einer Woche. Ende der Sendung. Bitte ausschalten."

Ich schaltete ab.

Ich saß in dem breiten Sessel und starrte auf den dunklen Bildschirm. Langsam nur begriff ich, was in dieser einen Woche alles geschehen war. Eine Entwicklung, die sonst Jahre benötigt hätte...

Dann beugte ich mich vor und schaltete das Gerät wieder ein. Eine Nachrichtensendung aus Europa bestätigte das, was ich soeben gehört hatte. Natürlich gab es nur rein theoretische Erwägungen und Spekulationen in den Kommentaren, aber sie ließen positive Möglichkeiten und neue Hoffnung zu. Bis zur Realisierung würde noch viel Zeit vergehen – Zeit vielleicht, in der man Kriege vergaß.

Dann beschäftigte mich ein anderes Problem: die Bruderschaft! Zählte ich noch zu ihr, oder machte sie bereits Jagd auf mich, einen vermeintlichen Verräter? Sie waren technisch in der Lage, jeden Punkt der Erdoberfläche zu beobachten, warum nicht gerade diesen Fleck in der kanadischen Wildnis? War er ihnen nur durch einen Zufall entgangen?

Das Kommunikationssystem fiel mir ein. Die Schaltungen in den verschiedenen Stationen erfolgten automatisch, ich hatte aber nie auf die Frequenzen geachtet. Vielleicht konnte ich ihre Sendungen auffangen, wenn ich lange genug suchte. Schließlich war auch das Gerät in meinem Apartment kein gewöhnliches Fernsehgerät.

Der Gedanke elektrisierte mich förmlich. Ich verließ den Keller, in dem ich nach einer Konserve gesucht hatte, und eilte ins Wohnzimmer. Zwei Stunden lang suchte ich sämtliche Bänder ab, aber dann gab ich es auf. Immerhin, so sagte ich mir, muß es an mir liegen, nicht am Gerät. Der Graf war über alle Dinge informiert, die über die Geheimsender der Neun gegangen waren. Also besaß er auch die entsprechenden Empfangsmöglichkeiten. Obwohl technisch interessiert, war ich noch lange kein Fachmann. Gab es vielleicht ein Zusatzgerät, das ich bisher übersehen hatte?

Für heute gab ich meine Suche auf und unternahm meinen täglichen Spaziergang durch den ziemlich geräumigen Komplex, um mich körperlich fit zu halten. Die ständig laufende Klimaanlage sorgte für eine angenehme Temperatur und den Zustrom frischer Bergluft.

Später sah ich mir noch einen Film an, holte Konserven aus dem Keller und wärmte sie in der Küche meines Apartments auf. Mit dem Fernsehgerät unternahm ich eine Reise um die Welt und legte mich dann schließlich zum Schlaf nieder.

Der aber wollte nicht kommen. Meine Gedanken ließen mir keine Ruhe, aber so intensiv ich auch über alles nachgrübelte, ich fand für mich und meine Einstellung keine klare Linie, kein logisch untermauertes Fundament. Die Handlungsweise des Grafen erschien mir trotz seiner Beteuerungen widersprüchlich und nicht immer folgerichtig. Es fehlte meiner Ansicht nach die kontinuierliche Konsequenz.

Ich selbst wußte nun auch nicht mehr, was richtig und was falsch war. Förderte der technische Fortschritt wirklich den Massenmord? Ich mußte an die Azteken denken, deren Priester an einem einzigen Tag siebzigtausend Kriegsgefangene mit dem Opfermesser hinschlachteten. Das schien mir ein Beweis dafür zu sein, daß nicht nur die Mittel der Vernichtung, sondern in erster Linie die Natur des

Menschen ausschlaggebend war. Sie also war es, die sich ändern mußte.

Aber wie? Ich sah keinen Weg.

Am nächsten Morgen fühlte ich mich wie zerschlagen und wäre am liebsten einfach liegen geblieben, ich wußte jedoch aus Erfahrung, daß man dadurch nur noch müder wurde. Nach einem reichlichen Frühstück unternahm ich meinen Vormittagsspaziergang. Da Sonntag war, schaltete ich um zwölf Uhr das TV-Gerät ein. Der Graf meldete sich pünktlich.

„Eine erfreuliche Mitteilung, Nummer Neun. Bastellis Erfindung wird endgültig von der UNO verwaltet. Beruhigt? Und noch etwas: in drei oder vier Tagen werde ich Sie besuchen. Bitte abschalten."

Die Kürze des Kontakts enttäuschte mich, aber wenn der Graf wirklich auftauchte, würde ich wohl mehr erfahren. Meine größte Sorge bereitete mir die Bruderschaft. Wußten die anderen acht überhaupt, was passiert war? Was dachten sie von mir? Hielten sie mich nun auch für einen Verräter, oder ahnten sie, daß ich in eine Falle geraten war?

Statt mich der relativ guten Nachricht wegen zu beruhigen, wurde ich immer nervöser. Wenn ich wenigstens in jene Räume gelangen könnte, die mir verschlossen waren und von denen ich nicht einmal die Eingänge gefunden hatte...

Rastlos streifte ich an diesem Sonntag durch das mir zugängliche unterirdische Reich, aber der einzige Erfolg war der, daß ich müde genug wurde, um einige Stunden schlafen zu können.

Am Donnerstag verrieten mir Schritte, daß der Graf die Station betreten hatte. In meiner Unsicherheit beschloß ich, mein Vorhaben noch aufzuschieben, bis ich Gewißheit bekam.

Er mußte mit dem Transmitter gekommen sein, denn die lange Autofahrt hätte man ihm angesehen. Hätte ich besser aufgepaßt, wäre es mir vielleicht gelungen, zumindest die Richtung herauszufinden, in der, der Transmitter installiert war.

Er setzte sich mir gegenüber in den Sessel und betrachtete mich forschend.

„Es geht Ihnen gut, wie ich hoffe. Wie Sie sehen, mußte ich mein Aussehen wieder ein wenig verändern. Ihre Freunde lassen nicht locker."

„Haben Sie sie informiert?"

„Ich hielt es noch nicht für ratsam. Solange sie annehmen, daß Sie mir auf den Fersen sind, bleiben ihre Anstrengungen im Rahmen."

„Das ist eigentlich unfair."

„Aber unumgänglich. Ich werde Sie also leider noch hier festhalten müssen."

„Haben Sie überhaupt die Absicht, mich jemals freizulassen?"

Er warf mir einen undefinierbaren Blick zu, und nach einigem Zögern sagte er:

„Sie wissen viel, Nummer Neun. Wahrscheinlich wissen Sie schon zuviel. Ich darf vorerst nicht das geringste Risiko eingehen. Erst wenn ich offiziell wieder einmal gestorben bin, können wir über Ihre Freilassung reden. Allerdings müßte ich dann dieses vorzügliche Versteck aufgeben, was ein großer Verlust für mich wäre. Über die Mittel, Ihnen eine neue Identität mit Gedächtnisverlust zu geben, verfüge ich zu meinem Bedauern nicht."

In dieser Sekunde erst wurde mir mit aller Deutlichkeit klar, daß er mich bis zu meinem Tod hier festhalten wollte. Immerhin verzichtete er darauf, mich gleich umzubringen – ein schwacher Trost.

„Waren Sie auch Leonardo da Vinci?" fragte ich ohne jeden Zusammenhang, vielleicht um mich abzulenken.

Er lächelte und schüttelte den Kopf.

„Nein, zu jener Zeit nannte ich mich Bernhard von Treviso, aber ich kannte Leonardo sehr gut und gab ihm eine Menge Tips. Knapp dreißig Jahre vor seinem Tod mußte ich untertauchen, das war so um 1490. Ein halbes Jahrhundert später wagte ich mich wieder aus einem meiner Verstecke und nahm eine Identität als John Dee an –

nein, das muß später gewesen sein. Etwa 1570, glaube ich. Man wird vergeßlich, wenn man so lange lebt..."

„Und davor?" fragte ich, neugierig geworden.

„Albertus Magnus, Roger Bacon, Arnold von Villanova – es gibt so viele Namen."

„Alchimisten...", murmelte ich und begriff.

„So wurden sie auch genannt", gab er zu.

„Und was ist mit dem Stein der Weisen?" fragte ich mit ein wenig Ironie in meiner Stimme.

Sein Gesicht blieb ernst, als er antwortete:

„Einige meinen, damit sei die Verwandlung einer beliebigen Materie in Gold gemeint, aber das stimmt nicht. In Wirklichkeit ist damit die Unsterblichkeit gemeint, und da schien es nur einen einzigen Stein der Weisen gegeben zu haben. Ich besitze ihn, wie Sie wohl wissen."

„Ein Geheimnis?"

„Sicher, denn ich kenne es selbst nicht."

Es war mir klar, daß er nicht darüber sprechen wollte – oder auch nicht konnte. Auch hatte er damals einen Mord begangen, um in den Besitz der Unsterblichkeit zu gelangen.

Er stand auf.

„Ich muß noch einige Dinge erledigen und möchte Sie bitten, Ihr Apartment jetzt nicht zu verlassen. In zwei Stunden komme ich wieder, um mich von Ihnen zu verabschieden. Dann haben Sie Ihre Bewegungsfreiheit zurück."

Stumm sah ich hinter ihm her.

War die Zeit zum Handeln gekommen...?

Ich lauschte an der Tür, die er nicht verschlossen hatte. Seine Schritte verhallten, dann war nichts mehr zu hören. Vorsichtig trat ich hinaus in den Gang. Doch, in der Ferne waren undefinierbare Geräusche und verrieten mir die Richtung, in die er gegangen war.

Es war mir immer noch nicht völlig klar, was ich unternehmen sollte. Aber irgend etwas mußte ich tun. Untätiges Abwarten bedeutete lebenslange Haft in diesem Gefängnis. Ich besaß keine Waffe, mit der ich den Grafen zu etwas hätte zwingen können, also mußte ich ihn überraschen und in meine Gewalt bringen, so sehr mir das auch widerstrebte. Ich sah keinen anderen Weg. Außerdem erinnerte ich mich daran, daß er schon mindestens fünf Menschen getötet hatte. Es war ein Wunder, daß ich überhaupt noch lebte.

Er schien sich jetzt in seinen sonst immer verschlossenen Privaträumen aufzuhalten, deren Geheimnisse mich schon lange gereizt hatten. Vielleicht war das jetzt die Gelegenheit, sie zu lüften.

Ich kehrte in mein eigenes Apartment zurück und löste die Schrauben meines Bettgestells, bis ich eine der metallenen Streben herausnehmen konnte. Sie wog schwer in meiner Hand, und ich würde vorsichtig sein müssen, wenn ich den Grafen nicht ernsthaft verletzen wollte.

Noch wagte ich es nicht, in sein Quartier einzudringen, sondern wählte ein mir passend erscheinendes Versteck, an dem er vorbeigehen mußte, wenn er sich von mir verabschieden wollte. Die Strebe in der rechten Hand, wartete ich.

Meine Geduld wurde neunzig Minuten lang auf eine harte Probe gestellt, Zeit genug, über tausend Dinge nachzudenken. Mehr als nur einmal geriet ich in Versuchung, mein Vorhaben aufzugeben, aber immer wieder fiel mir rechtzeitig ein, daß es keine andere Lösung gab. Freiwillig würde der Graf mich nicht freilassen. Auch er hatte keine andere Wahl.

Dann hörte ich, wie eine Tür geschlossen wurde.

Schritte näherten sich. Ich spürte, wie meine Knie weich wurden, aber meine Hand umklammerte die zum Schlag erhobene Strebe in fester Entschlossenheit. Jetzt gab es kein Zurück mehr für mich. Ich stand in einer Nische, mit dem Rücken gegen die Wand gelehnt.

Der Graf ging dicht an mir vorbei, ohne mich zu bemerken.

Ich schlug nicht zu kräftig zu, trotzdem hatte ich das schreckliche Gefühl, ihm das Genick gebrochen zu haben, als er lautlos zusammensackte. Seine Augen waren geschlossen, als ich mich zu ihm hinabbeugte, aber er atmete noch.

Erst jetzt kam mir zu Bewußtsein, daß ich nur bis zu diesem Moment geplant hatte. Was sollte ich nun unternehmen? Ohne die Hilfe des nun Bewußtlosen konnte ich das Versteck nicht verlassen. Das hatte ich zwei Wochen lang vergeblich versucht. Und wenn er wieder zu sich kam, würde es einen Kampf um Leben und Tod geben, das stand fest.

Mühsam schleifte ich ihn durch den Korridor bis in mein Apartment. Aus dem Bettuch drehte ich ein festes Seil und verschnürte ihn wie ein Paket. Ich konnte sicher sein, daß er sich aus eigener Kraft niemals befreien würde. In seinen Taschen hatte ich auch keine Waffe gefunden.

Dann ließ ich mich in einem Sessel nieder und wartete. Meine Knie zitterten noch immer, und ich hatte Angst vor dem Augenblick, in dem er aus seiner Ohnmacht erwachte.

Und dieser Augenblick kam.

Er rollte sich ein paarmal hin und her, ehe er die Augen aufschlug und mich derart verblüfft anstarrte, daß ich fast verlegen wurde. Dann erst bemerkte er, daß er gefesselt war, und versuchte wütend, sich zu befreien. Als das erfolglos blieb, wurde er plötzlich ganz ruhig.

„Sie sitzen ganz schön in der Falle", sagte er in einem Tonfall, als sei ich der Gefesselte, nicht er. „Was wollen Sie jetzt tun?"

Seine so offen zur Schau getragene Überlegenheit reizte mich, aber ich versuchte, so gelassen wie möglich zu erscheinen.

„Sie werden mir verraten, wie ich hier herauskomme, Graf", schlug ich vor. „Warum sollten wir uns nicht einigen?"

„Und wie? Sie wissen so gut wie ich, daß ich Sie nicht laufen lassen kann. Wenn es sein muß, bleibe ich hier bei Ihnen, bis Ihre natürliche Lebensspanne abgelaufen ist. Mir macht das nichts aus, wie Sie sich denken können. Und geben Sie sich keinen falschen Hoffnungen hin: Ohne mich kommen Sie hier niemals heraus!"

„Ich könnte Sie zwingen."

„Wie? Durch Folter?" Er schüttelte den Kopf und lächelte. „Dazu sind Sie nicht fähig, Nummer Neun."

„Ein Unsterblicher hat mehr Angst vor dem Tod als ein Sterblicher", drohte ich.

Er nickte. „Das stimmt allerdings, aber mein Tod würde für Sie ewige Gefangenschaft bedeuten – es würde sich also nichts ändern. Aber seien Sie doch ehrlich: Was würden Sie tun, wenn ich Sie frei ließe? Ihr erster Weg führte Sie zu einer der Stationen, richtig?" Als ich zögernd nickte, fuhr er fort: „Sie würden die Bruderschaft informieren, schon um Ihre eigene Unschuld zu beweisen. Sie müßten es tun, denn in Wirklichkeit kennen Sie keinen von ihnen, aber alle kennen Sie. Man hätte Sie in weniger als einem Tag aufgestöbert."

„Das ist es nicht allein. Meine Pflicht..."

„Pflicht!" Er schnaubte verächtlich. „Seit Jahrtausenden hocken sie und ihre Vorgänger in ihren Stationen und tun nichts, um der Menschheit zu helfen. Ich war der einzige, der Hinweise verstreute, sonst würden wahrscheinlich noch heute junge Mädchen als Hexen verbrannt. Kriege und Grausamkeiten gab es immer, mein Wirken hat sie leider auch nicht verhindern können. Trotzdem bin ich überzeugt, daß mein Weg der bessere ist und der ursprünglichen Aufgabe des Helfens gerechter wird. Wie sonst sollte versucht werden, den Menschen zu ändern? Ich gebe zu, in dieser Hinsicht habe ich nicht viel erreicht, aber die Bruderschaft der Neun auch nicht."

„Warum sollte sich der Mensch ändern?" fragte ich. „Etwa durch immer mehr Technik und neue Mittel des Völkermordes? Im Grunde genommen ist der Mensch noch immer ein Mensch der Steinzeit, dem man ein Maschinengewehr in die Hand gedrückt hat. Die Entwicklung ist zu sprunghaft gewesen, die Natur konnte nicht Schritt halten. Eine langsame und natürliche Entwicklung hätte Ihnen vielleicht zum Erfolg verholfen. Sehen Sie das denn nicht ein, Graf?"

„Nein! Ich habe Jahrtausende gewartet, ehe ich eingriff, weil nichts voranging. Es war mir klar, daß die egozentrische Einstellung des Menschen eins der Hauptübel war und ist. Sie ist es, die sich ändern muß. Ein Schritt in dieser Richtung war die Erkenntnis, daß die Erde nicht Mittelpunkt des Universums ist. Der zweite Schritt wäre das Wissen um andere bewohnte Welten im Kosmos. Dadurch wäre eine Bewußtseinswende zum Positiven hin möglich. Es war daher Verrat, als die Bruderschaft den Metallblock stahl, den Sie und Ihre Freunde in Südamerika fanden. Es gibt noch andere Dinge, die man in alten Erdschichten fand, aber alle verschwanden spurlos. Es gab nie einen echten Beweis für die Existenz fremder Zivilisationen, der länger als ein paar Stunden oder Tage im Besitz der Wissenschaft blieb."

„Die Bruderschaft?"

„Wer sonst? Ich weiß auch nicht, warum sie der heutigen Menschheit das Vorhandensein fremder Zivilisationen jenseits unseres Sonnensystems ebenso verheimlichen wie den Untergang einer grandiosen irdischen Zivilisation in der Vergangenheit. Es ist paradox!"

„Vielleicht könnte ich mit ihnen reden und sie überzeugen..."

„Mit denen reden?" Das Gelächter, in das er ausbrach, konnte ich nur als ungehemmt bezeichnen, aber er wurde sehr schnell wieder ernst. „Ich glaube, es ist besser, wenn Sie nun alles erfahren, Nummer Neun. Ich wollte Ihnen nicht Ihre Illusionen rauben, wenigstens bis jetzt nicht. Lösen Sie meine Fesseln, dann erhalten Sie Gelegenheit, die letzten Wahrheiten kennenzulernen."

„Ihre Fesseln lösen?" Ich versuchte, in seinen Augen zu lesen. Gleichzeitig überlegte ich. Als Gefangener würde er mir niemals die Türen seines Reiches öffnen. Er war unsterblich und würde mich überleben, wie er ja schon angedeutet hatte. Und wenn ich ihn freiließ, war ich erneut in seiner Gewalt. Sollte ich das Risiko eingehen? Hinzu kam meine natürliche Neugier. „Und wenn ich es tue, Graf, welche Garantie habe ich, daß Sie die Situation nicht ausnützen, mich für immer unschädlich zu machen?"

„Keine!" sagte er brutal, aber er lächelte dabei flüchtig. „Wenn Sie alles wissen, überlasse ich Ihnen die Entscheidung, wie immer sie auch ausfällt. Sie können hier bleiben, zurück zur Bruderschaft gehen – oder mit neuer Identität, doch mit allen Erinnerungen, irgendwo in der Welt weiterleben – und warten."

„Warten? Worauf?"

„Auf das Ende."

„Meins?"

„Auf das Ende dieser Zivilisation, die sich selbst überholte. Sie wissen jetzt, welche Fehler ich machte, ich mußte sie mir zum erstenmal selbst auch eingestehen. Aber die Bruderschaft machte größere. Nun lösen Sie schon endlich meine Fesseln."

Ich handelte wie unter einem Zwang, als ich das Messer nahm und ihn befreite. Er rieb sich die Handgelenke, um die Blutzirkulation wieder in Gang zu bringen, dann winkte er mir zu.

„Kommen Sie mit, Nummer Neun. Noch nie sah jemand vor Ihnen meine privaten Räume, außer jenen, die sie einrichteten, aber die sind schon lange tot." Er lächelte. „Sie starben eines natürlichen Todes."

Ich folgte ihm mit gemischten Gefühlen und voller Unsicherheit. Die Tür zu seinem für mich bisher unzugänglichen Apartment öffnete sich wie von Geisterhand, als er dicht davor stand. Dahinter lag ein wohnlich eingerichteter Raum, den der Graf mit schnellen Schritten durchquerte und eine der drei weiteren Türen öffnete.

„Kommen Sie, Nummer Neun! Wovor haben Sie Angst?"

In dem zweiten Raum fiel mir als erstes ein riesiger Bildschirm auf, der die ganze Wand bedeckte. Darunter befand sich die Kontrollkonsole mit einer Unmenge von Kippschaltern und Tasten. Monitoren erinnerten an die Mischzentrale eines Studios.

Saint-Germains Hände glitten über die Kontrollen. Jede Bewegung verriet die Übung und lange Gewohnheit. Er sah aus wie jemand, der Orgel spielte.

Der große Schirm wurde hell, dann farbig und schließlich sogar dreidimensional. Es war so, als habe sich hinter ihm bisher ein weiterer Raum befunden, den der Schirm nur verdeckt hatte. Schon jetzt war offensichtlich, daß diese Anlage der gegenwärtigen Technologie um Jahre voraus war, obwohl sie allem Anschein nach bereits vor vielen Jahrhunderten installiert wurde.

„Sie haben das Sicherheitssystem verbessert", sagte der Graf, als auf dem Schirm langsam ein Bild erschien. Ich erkannte den Kontrollraum „meiner" Station im Untersberg. Sie war unbesetzt, zumindest saß niemand in dem Sessel vor den Kontrollen. „Früher nahmen sie untereinander meist ohne ihre Kapuzen Verbindung auf, sofern sie sich kannten. Das tun sie seit einiger Zeit nicht mehr. Sie müssen ahnen, daß ich sie sehen kann."

Ich antwortete nicht, dafür starrte ich wie gebannt auf die schriftliche Information, die deutlich sichtbar unter dem Bildschirm der Station auf dem Tisch lag. Ich las: Nummer Neun! Sofort bei Nummer Eins im Karisimbi melden!

Ein Datum fehlte.

„Wie lange liegt die Nachricht schon da?" fragte ich.

„Seit Sie in Rio waren. Da sie immer noch dort liegt, rechnet man mit Ihrer Rückkehr – oder auch nicht. Bald jedoch wird man annehmen, daß Ihnen etwas zugestoßen ist. Auf den Gedanken, daß Sie bei mir sind, wird man vorerst vielleicht nicht kommen."

„Dann lassen Sie mich doch gehen", schlug ich vor. „Ich gebe Ihnen mein Wort, daß ich mit keiner Silbe..."

„Warten Sie noch", unterbrach er mich. „Vielleicht werden Sie Ihre Meinung doch noch ändern."

„Warum sollte ich?"

Er warf mir einen kurzen Blick zu.

„Es könnte eine Falle sein", sagte er nur, um sich dann wieder den Kontrollen zuzuwenden.

Auch die Station im Karisimbi war unbesetzt, ebenso jene im Gavea und die im nahen Mount Aylmer. Erst der Blick in den Kontrollraum des Mount Shasta brachte die Erklärung: die Bruderschaft hielt hier eine Versammlung ab.

Mit ruhiger Hand nahm der Graf einige Schaltungen vor, bis das Bild wechselte. Im ersten Augenblick erschrak ich unwillkürlich, als ich sieben der Unbekannten mit ihren Masken an dem langen Tisch sitzen sah. Der Eindruck war so echt, daß ich das Gefühl hatte, direkt vor ihnen zu stehen.

Ich konnte sie natürlich nicht unterscheiden, aber ihre Sitzordnung verriet mir ihre numerische Identität. Es mußte also Nummer Eins sein, der am Kopfende saß und nun sagte:

„Es fehlen noch Nummer Sieben und Nummer Neun. Sieben muß jeden Augenblick eintreffen, eine entsprechende Information liegt vor. Von Neun fehlt jede Nachricht. Bruder Drei, du hast ihn zuletzt in Rio gesehen."

„Er traf sich dort mit einem bärtigen Mann, der keinen vertrauenerweckenden Eindruck auf mich machte. Dann verlor ich ihn aus den Augen. Es war nicht meine Aufgabe, ihn zu überwachen, Nummer Eins."

„Schon gut. Niemand macht dir einen Vorwurf. Aber du scheinst jener von uns zu sein, der ihn zuletzt sah. Seitdem fehlt jede Spur von ihm. Was mag geschehen sein?"

Nun erschien auch Nummer Sieben und setzte sich auf seinen Platz, nachdem er den anderen zugenickt hatte. Die Frage, ob er etwas über meinen Verbleib wisse, verneinte er.

Es wäre überflüssig, die nun folgende Beratung der acht Unbekannten wortwörtlich wiederzugeben, aber der Inhalt des Gesprächs scheint mir wichtig genug, zumindest auf einige Passagen einzugehen.

Nummer Eins verriet Genugtuung darüber, daß Bastellis Erfindung offiziell „in den Geheimarchiven der UNO verschwunden sei", wie schon so viele davor. Die Betonung, mit der er das sagte, war auffällig genug. Sie trieb dem Grafen die Zornesröte ins Gesicht. Später teilte er mir mit, daß man wieder einmal den Fortschritt blockiert hatte, indem man eine Erfindung verschwinden ließ. Das mit der UNO war nur ein Bluff. Einem späteren Dementi des zuständigen Sachbearbeiters würde niemand Glauben schenken. Nach einem Jahr war Gras über die Angelegenheit gewachsen, wie schon so oft zuvor bei ähnlichen Vorkommnissen.

Nummer Acht hatte die Leichen der vier gedungenen Mörder identifizieren können, ohne sich selbst bloßstellen zu müssen. Damit hatte sich aber auch die Spur des Grafen von Saint-Germain abermals in Luft aufgelöst.

Ihr nächstes Thema war brandheiß und bezog sich auf die Nutzung der Kernenergie. Mehrmals fing ich den forschenden Blick des Grafen auf, ohne daß ich reagiert hätte. Langsam nur begriff ich, was wirklich geschehen war – und noch geschehen konnte.

Der Graf war es vor langer Zeit gewesen, der einigen Wissenschaftlern mit seinen Tips auf die Sprünge geholfen hatte, aber mit der so schnellen Entwicklung zur tödlichen Waffe hatte er nicht gerechnet. Er vermochte auch nicht mehr, sie aufzuhalten.

Die zusätzlichen Erklärungen, die mir Saint-Germain später gab, setzten sich zu folgendem Bild zusammen:

Der Weg zur absolut ungefährlichen und sauberen Energiegewinnung durch die natürliche Gravitation der Erde führte über die relativ harmlosen Anfänge der Atomspaltung, die danach überflüssig wurde. Diese an sich folgerichtige Entwicklung war im Zweiten Weltkrieg aus leicht erkennbaren Gründen einfach übersehen worden, die Waffe hatte Priorität. Danach gab es kein Zurück mehr. Die Proteste in aller Welt gegen die Kernenergie in jeder Form konnten nicht überzeugen, da sie mit politischen Motiven verquickt waren.

Die Neun Unbekannten waren ihrem Grundsatz treu geblieben und hatten nichts unternommen, obwohl sie die Mittel dazu besaßen.

Der Graf hatte in der Person Bastellis eingegriffen. Seine Erfindung hätte zwar die Nutzung der Kernenergie überflüssig gemacht, aber kaum die bereits vorhandenen waffentechnischen „Errungenschaften" beseitigt. Dazu war es zu spät. Der Graf hatte abermals das Gute im Menschen überschätzt. Daß Bastellis Erfindung spurlos verschwand, machte die Sache nur noch schlimmer. Mehr noch als bisher würden sich die Verantwortlichen der Welt auf die Kräfte des Atoms verlassen, die zwar für den Augenblick eine Energiekrise abzuwenden schienen, deren Folgen jedoch dank der menschlichen Unzulänglichkeit unübersehbar geworden waren.

„Wenn sie wenigstens durchhielten, bis die Kernfusion fehlerfrei funktioniert", sagte der Graf. „Sie hinterläßt keine gefährlichen Rückstände wie die Spaltung. Aber auch die Fusion ist nur ein Ersatz, nicht mehr. Dabei bietet die Natur selbst mehr Energie an, als die Menschheit in Tausenden von Jahren benötigt – und sie ist überall um uns herum."

„Warum zeigen Sie nicht den richtigen Weg?" fragte ich verständnislos. „Sie kennen ihn doch, oder nicht?"

Er nickte.

„Ich habe es schon oft genug getan, aber solange sie mit dem Atom herumbasteln, und solange damit scheinbare Erfolge erzielt werden, ist jeder andere Hinweis für sie reine Spekulation und Phantasterei. Selbst wenn ich sie mit der Nase darauf stoße, sehen sie die Lösung nicht, und wenn ich ihnen eine fertige auf dem Tisch präsentiere, sind die Unbekannten da und lassen sie verschwinden. Sie allein sind es, die – durch ihre uralten Gesetze gebunden – den echten Fortschritt verhindern und damit die drohende Vernichtung unserer Welt wahrscheinlicher machen."

Ich hörte nur mit halber Aufmerksamkeit zu, als Nummer Eins die Zusammenkunft beendete und einen neuen Termin nannte. Der Graf schaltete die Anlage ab, dann wandte er sich wieder mir zu.

„Ich schlage vor, daß Sie sich diese drei Tage noch Zeit mit Ihrer endgültigen Entscheidung lassen. Zeit auch zur Diskussion, für Fragen und Antworten. Danach können Sie gehen, wohin Sie wollen. Sie haben meinen Vorschlag wohl noch nicht vergessen."

„Natürlich nicht!"

Zu meiner Überraschung öffnete er die Metalltür, die ins Blockhaus führte.

„Machen Sie einen Spaziergang, die frische Luft wird Ihnen guttun. Hier hält sich außer uns kein Mensch auf, und daß die Bruderschaft Sie zufällig entdeckt, ist so gut wie ausgeschlossen."

Völlig überrascht und daher auch unsicher verließ ich die Blockhütte und wanderte eine Stunde lang durch Wald und Gebirgsland-

schaft, ehe ich kurz vor Anbruch der Dämmerung freiwillig in mein Gefängnis zurückkehrte.
Automatisch schloß sich hinter mir die Metalltür.

Drei Tage sind eine lange Zeit, aber sie erscheinen kurz, wenn eine Entscheidung zu treffen ist, die das Leben verändert. Ich versuchte, die Motive der Bruderschaft und jene des Grafen objektiv abzuwägen, kam aber immer wieder zu dem Ergebnis, daß beide Seiten – wenn man die Resultate mit einbezog – sowohl richtig als auch falsch gehandelt hatten. Vielleicht wäre es besser gewesen, die Unbekannten und der Graf hätten niemals existiert und die Menschheit hätte sich unbeeinflußt entwickeln können.
Aber – wäre das endgültige Ergebnis nicht das gleiche? Wäre der Zustand, wie wir ihn heute haben, nicht nur später eingetreten?
Die Zweifel plagten mich Tag und Nacht, und auch meine einsamen Spaziergänge in der unberührten Natur brachten mich der Antwort nicht näher. Ich wußte, daß mich der Graf beobachtete und meine Freiheit nur eine scheinbare war, und oft genug geriet ich in Versuchung, ihm rückhaltlos recht zu geben, aber dann kam mir wieder zu Bewußtsein, daß auch die Motive der Bruderschaft von ideellen Grundzügen durchsetzt waren. Beide Seiten wollten den Untergang der Menschheit verhindern.

Der dritte Tag brach an. Unser letztes Frühstück verlief ziemlich schweigsam, und je näher die Entscheidung auf mich zukam, desto unangenehmer wurde das beklemmende Gefühl, das meine Brust einschnürte. Mein Herzschlag beschleunigte sich, als ich die leer getrunkene Kaffeetasse auf den Tisch zurückstellte.
Der Graf von Saint-Germain hatte meine Nervosität längst bemerkt, aber er ignorierte höflich meinen nicht gerade beneidenswerten Zustand und tat so, als sei dies ein Tag wie jeder andere. Mir war immer noch nicht klar, ob ich ihm trauen konnte oder nicht. Zuviel stand für ihn auf dem Spiel, wenn er mich gehen ließ. Zumindest würde er dieses Versteck aufgeben müssen.

Wieder sah er mich forschend an, und diesmal wich ich seinem Blick nicht mehr aus.

„Nun?" fragte er und lehnte sich zurück. „Wie haben Sie sich entschieden? Ich möchte noch einmal betonen, daß Sie nicht unter Zwang handeln und daß Sie von meiner Seite keine Konsequenzen zu befürchten haben. Sie können frei wählen."

Erst in dieser Sekunde faßte ich endgültig meinen Entschluß.

„Ich werde nicht bei Ihnen bleiben, Graf, und ich werde auch nicht zur Bruderschaft zurückkehren. Um ganz ehrlich zu sein: ich bin davon überzeugt, daß weder Sie noch die Bruderschaft in den vergangenen Jahrtausenden richtig gehandelt haben. Die wirklich verhängnisvollen Fehler wurden allerdings erst in unserem Jahrhundert gemacht, insbesondere von Ihnen, Graf. Die Menschheit war noch nicht reif für eine Technologie, die es ihr ermöglicht, die Welt zu vernichten. Sie ist nicht einmal fähig, das Gleichgewicht der Natur zu erhalten und Fauna wie Flora vor dem Aussterben zu bewahren. Aber wenn Sie mir jetzt die Frage stellen, was man tun könnte, um das Schlimmste zu verhindern, muß ich passen. Aus mehreren Gründen."

„Und die wären?"

„Mir erscheint es zu spät, eine Umkehr einzuleiten. Die Begriffe Stagnation und Rückschritt haben einen schlechten Beigeschmack, denn sie scheinen identisch mit dem Verzicht auf einmal Erreichtes, sie bedeuten Rückkehr zur Bescheidenheit, zur Einfachheit. Kein Politiker könnte sich ernsthaft dafür einsetzen, ohne aus dem Amt zu fliegen. Die Weltwirtschaft würde jäh zusammenbrechen, weil ihr die konsumbedingte Basis fehlt." Ich schüttelte den Kopf. „Nein, es gibt keine Lösung. Heute nicht mehr."

„Sind Sie da nicht zu pessimistisch?"

„Ich glaube nicht, Graf. Sie brauchen sich doch nur draußen umzusehen, um zu wissen, daß ich recht habe."

Zu meiner Überraschung nickte er, schwieg eine Weile und meinte dann:

„Wenn die Menschheit zum jetzigen Zeitpunkt sich selbst überlassen bleibt, entwickeln sich automatisch mehrere Zukunftsperspektiven, von denen jede die Chance hat, Realität zu werden. Unsere Gespräche haben mir in mancher Hinsicht zu denken gegeben, und vielleicht sollten wir die bereits erwähnten Möglichkeiten noch einmal durchdiskutieren."

„Einverstanden", stimmte ich zu und wartete.

„Nehmen wir an, die Bewegung der Umweltschützer, deren Motive durchaus ehrenwert und vernünftig sein mögen, gewänne an Boden, obwohl sie, durch politische Einflüsse ausgenutzt, oft an Glaubwürdigkeit verliert. Was könnte dann passieren? Eine Stagnation der technischen und wissenschaftlichen Fortentwicklung wäre wahrscheinlich, und zwar auf allen Gebieten. Zusammenbruch der bisherigen Praktiken der Wirtschaft, und damit auch keine Hilfe mehr für die Dritte Welt. Mehr Schutz für die Natur, aber das Fehlen modernster Energiequellen hätte zur Folge, daß die Vorräte an Öl, Gas, Kohle oder Holz sehr bald erschöpft wären. Man würde die Wälder noch schneller vernichten, als das schon heute der Fall ist. Kriege um die letzten Reserven wären unvermeidbar."

„Vielleicht käme es aber auch anders", warf ich voller Zweifel ein.

„Vielleicht", gab er zu. „Wir kommen noch darauf zurück. Sehen wir uns eine zweite Möglichkeit an: ungehemmte Weiterentwicklung auf sämtlichen Gebieten, auch auf jenen der Kernenergie. Der Menschheit stünden unerschöpfliche Energiequellen zur Verfügung. Sie könnte ferne Planeten erreichen und dort Kolonien gründen. Die Erde selbst würde eine neue Blütezeit erleben. Sie sehen, daß der technische Fortschritt nicht unbedingt das Ende der Welt bedeuten muß. Voraussetzung wäre allerdings, daß in allen politischen Lagern Egoismus und Dummheit der Vernunft weichen müßten."

„Zu schön, um wahr zu sein", murmelte ich.

„Leider", gab er mit Bedauern zu. „Ich habe das auch inzwischen einsehen müssen. Eine dritte Möglichkeit wäre ein Kompromiß zwischen den beiden erwähnten Perspektiven. Hier wäre jedoch die Elimination jeglicher Ideologie und damit das Verschwinden aller politischen Gegensätze notwendig, was zur Zeit unwahrscheinlich ist. Ideal wäre eine Symbiose mit der Natur und die Einsicht des Menschen, daß er ohne gemeinsames Handeln und Denken zum Tode verurteilt ist."

„Wie schon einmal", sagte ich.

„Wie schon mehrmals", korrigierte er mich brutal.

Da er schwieg, spann ich den Faden weiter:

„Haben Sie schon einmal daran gedacht, daß auch die Vollautomatisierung gefährliche Folgen haben könnte, so hilfreich Computer auch für uns sein mögen?"

„Natürlich habe ich das, wenn auch erst in den letzten Tagen und Wochen. Wenn keine Katastrophe eintritt, die alles Leben auf unserem Planeten auslöscht, könnte die Menschheit einfach verdummen. Ihr wird das Denken abgenommen. Man drückt auf ein paar Knöpfe, und schon ist wieder ein Problem scheinbar gelöst. In dieser Hinsicht verhalten sich selbst heute noch intelligente Menschen nicht anders als Affen, die auf ein Klingelzeichen hin die Klappe öffnen, um eine Banane zu erhalten. In einigen Generationen werden sie ihre Finger gebrauchen müssen, um zwei und zwei zusammenzuzählen, falls sie ihren Computer verlegt haben."

„Und weiter?" drängte ich ihn.

„Weiter? Viel weiter geht es nicht mehr. Es könnte lediglich passieren, daß eines Tages niemand auf der Welt mehr weiß, wie ein Computer funktioniert oder repariert wird. Wäre das nicht ein grandioser Neubeginn unserer Entwicklung?"

Ich erwiderte sein ironisches Lächeln.

„Fast eine ganz natürliche Lösung, paradoxerweise durch die technische Weiterentwicklung verursacht – es klingt verrückt."

„Sie werden es nicht glauben, aber ich halte diese Möglichkeit für sehr wahrscheinlich. Erst eine schnelle Entwicklung, die einsetzende Verdummung, totales Vergessen des Knowhows, Rettung von Umwelt und Natur – und ein neuer Anfang. Aber ob es wirklich so und in dieser Reihenfolge geschieht... wer soll das wissen? Ich nicht." Er warf einen Blick auf seine Uhr. „Es wird Zeit für Sie."

„Wie komme ich hier weg?" fragte ich, ein wenig von dem Themenwechsel überrascht.

„Der Jeep steht draußen im Schuppen, vollgetankt. Lebensmittel sind in der Kühlbox. Alles andere muß ich Ihnen überlassen. Die Frage, ob ich mein Versteck hier aufgebe oder nicht, bleibt vorerst unbeantwortet. Es kann auch sein, daß selbst Sie es nicht mehr finden, und wenn Sie schon morgen zurückkehrten." Er stand auf. „Gehen wir, Nummer Neun."

„Ich bin nicht mehr Nummer Neun", machte ich ihn aufmerksam und folgte ihm. „Ich werde es auch nie mehr sein wollen."

„Ich werde Sie nicht aus den Augen verlieren", versprach er und öffnete ohne weitere Worte die Tür zur Außenwelt.

Der Schluß ist schnell erzählt.
Ich kehrte in die Zivilisation zurück und tauchte unter. Der Graf hatte mich großzügig mit Geldmitteln versorgt, außerdem besaß ich selbst noch genug Reserven, um meinen Wohnsitz, meist größere Hotels in den Metropolen der Welt, fast monatlich wechseln zu können.

Allmählich begann ich mich sicherer zu fühlen und machte mich an die Arbeit. Ich wußte auch schon, wem ich mein Manuskript übergeben würde.

Eine teure Operation hatte mein Äußeres so verändert, daß ich mit gutem Gewissen annehmen durfte, selbst von den Unbekannten nicht mehr erkannt zu werden, vielleicht nicht einmal vom Grafen.

Und ich wurde wieder älter, so wie es sich gehörte.

Heute lebe ich an einem einsamen Ort und versuche, die Konsequenz aus meinem unglaublichen Erlebnis zu ziehen, aber es will mir nicht gelingen. Von einer Tätigkeit der Bruderschaft bemerkte ich nichts mehr, aber sie muß noch existieren. Vielleicht hat sie auch darauf verzichtet, eine neue Nummer Neun auszuwählen, und eingesehen, daß nicht sie, sondern nur der Mensch selbst jene Lösung finden kann, die sein Überleben ermöglicht.

Als ich mein kleines Haus am Meer bezog, lockten mich in erster Linie nicht nur das saubere Wasser und die reine Luft, sondern auch die relativ große Entfernung von Zivilisation und Industrie. Die Leute im Dorf hielten mich für einen Pensionisten, der hier friedlich seinen Lebensabend verbringen wollte, was in gewissem Sinn auch stimmte.

Als ich heute, ein Jahr später, meinen täglichen Spaziergang unternahm, sah ich zum erstenmal die Baustelle. Eine Fabrik für Farben sollte hier entstehen, erfuhr ich dann. Die Lage sei günstig, denn man benötigte absolut reines Grundwasser.

Dann stand ich weiter unten am Meeresufer, wo die Brandung in der Bucht auf den flachen Sandstrand lief. Es sah anders aus als noch vor einem Jahr. Das Wasser war trüber geworden, Plastiktüten trieben in den seichten Wellen, einige tote Fische lagen halbverfault im Sand, ein verrosteter Kinderwagen war zwischen den Klippen eingeklemmt, und über der Wasseroberfläche zog sich ein bunt schimmernder Streifen bis hinaus zum Horizont, an dem die Silhouette eines Tankers zu erkennen war.

Müde geworden, wanderte ich zurück zu meinem Haus, denn mir war plötzlich kalt geworden. Das Feuer im offenen Kamin brannte noch, ich legte einige Stücke Torf nach und setzte mich davor. Aber auch die sparsam auflodernden Flammen gaben keine Antwort.

Gab es überhaupt eine gültige Antwort?

Morgen werde ich einem Bekannten, der eine weite Reise unternimmt, mein Manuskript mitgeben. Er wird es von irgendwo abschicken, und vielleicht erreicht es sein Ziel.

Ich selbst werde hier bleiben, trotz der schlimmen Vorzeichen, die ich heute sah. Denn meine vielen Reisen in alle Teile der Welt haben mir nur zu deutlich gezeigt, daß es keinen Ort mehr gibt, der nicht das drohende Unheil verriete.

Sind wir wirklich nicht mehr fähig zur Einsicht oder gar zur Umkehr?

Ich schrecke aus meinen Gedanken hoch, als es an der Tür klopft. Manchmal bekomme ich Besuch aus dem Dorf. Ich stehe auf und öffne. Vor mir steht ein Fremder, in der einsetzenden Dämmerung kaum zu erkennen. Aber seine Stimme klingt seltsam vertraut.

„Darf ich eintreten?" fragt er höflich.

Ich drehe das Licht der Lampe größer und lasse ihm den Vortritt. Vor dem Kamin setzt er sich in den zweiten Sessel. Nun erst sehe ich seine etwas zu eng beieinander stehenden Augen.

„Graf..."

Er winkt ab.

„Die Prophezeiung des Priesters, dem ich das Elixier abnahm, erfüllt sich. Die Wirkung erlischt, wenn die Zeit naht – sagte er vor seinem Tod. Ich bin in einem Jahr um zehn gealtert – es geht schnell. Es geht alles viel zu schnell."

„Wollen Sie damit sagen...?"

„Nein!" unterbricht er mich. „Auch ein Priester kann sich irren. Ich bin sterblich geworden, das ist wahr, sterblicher als jeder andere Mensch. Aber nun weiß ich, daß es nicht das Ende für unsere Welt bedeutet. Es gibt Ansätze, mein Freund, vielversprechende Ansätze, die uns hoffen lassen dürfen. Sie und ich, wir werden nicht mehr ewig leben, aber die Menschheit könnte es vielleicht doch, wenn sich das Gute und die Vernunft in ihr durchsetzen."

„Die Antwort... Sie haben sie gefunden?"

„Jeder muß sie selbst finden", sagt er und streckt seine Hände dem wärmenden Feuer entgegen. „Es ist kühl geworden draußen, aber der Weg zurück ins Dorf wird mich erwärmen. Ich wohne im Hotel, aber Sie werden mich morgen nicht mehr dort finden. Leben Sie wohl, mein Freund. Wir werden uns nie mehr wiedersehen."

Ich starre ihm nach und finde kein Wort des Abschieds.

Langsam verschwindet seine Gestalt in der Dämmerung und der beginnenden Nacht. Ich kehre ins Haus und zum Kamin zurück. Ein Stück Holz läßt die Flammen noch einmal auflodern, und es ist so, als erwache ein Sterbender zu neuem Leben.

Einfach so, wie mit einem Stück trockenen Holz.

Die Symbolik frißt sich in meinem Gehirn fest, als ich schon im Bett liege und auf den Schlaf warte.

Und während ich warte, ignoriere ich voller Zuversicht den leicht fauligen Geruch, der vom Meer her bis hinauf zu meinem Haus dringt...

ENDE ?

Geheime Technologien
Geheimgesellschaften
Prophezeiungen
Freie Energie
Hohle Erde
Ufologie
Tesla
u.v.m.

Fordern Sie unseren Katalog an!

ALDEBARAN-Versand
50670 Köln – Weißenburgstr. 10 a
Telefon 02 21 - 737 000
Telefax 02 21 - 737 001

BUCH 3 – Der Dritte Weltkrieg

ISBN 3-89478-573-X

100 verschiedene Seherschauungen und Prophezeiungen über die Jahrtausendwende im Vergleich

ALDEBARAN-Versand
50670 Köln – Weißenburgstr. 10 a
Telefon 02 21 - 737 000
Telefax 02 21 - 737 001

"Denn wenn sie sagen werden: "Es ist Friede, es hat keine Gefahr", so wird sie das Verderben überfallen, gleich wie der Schmerz ein schwangeres Weib, und werden nicht entfliehen."
1. Thessal. 5, Verse 3 und 4

Vorwort:

Fast jedes halbe Jahr erscheint irgendwo auf der Welt ein neues Buch über Prophezeiungen oder Weissagungen. Ein großer Teil dieser Bücher haben ihr Augenmerk auf die bevorstehende Jahrtausendwende gerichtet (etwa zehn Jahre vor und nach dem Jahr 2000), da den Sehern und Propheten in ihren Visionen anscheinend umwälzende und die Welt verändernde Ereignisse über diesen Teil der Geschichte gezeigt worden sind. Dies ist nicht allen unbekannt. Auch in der Offenbarung des Johannes im N.T. finden wir Beschreibungen für diesen Zeitraum, den manche als den *"Jüngsten Tag"*, das *"Strafgericht Gottes"* oder *"die Zeit, in der die Spreu vom Weizen getrennt wird"* bezeichnen. Eine Zeit der Naturkatastrophen, Kriege und Unruhen. Einer der in diesem Buch beschriebenen Seher nennt es gar *"das große Abräumen"*. Man hat davon gehört. Meistens nur mit einem Ohr. Wer hört schon gerne was von unruhigen Zeiten, gar von einem "Dritten Weltkrieg", wo man doch gerade erst einen Bausparvertrag und eine Lebensversicherung abgeschlossen hat. Es sind nur noch ein paar Jahre bis zur wohlverdienten Rente. Da kann doch jetzt kein Bürgerkrieg kommen oder eine Überschwemmung. Nein, man will einfach nicht daran glauben. *"So was haben schon viele vorausgesagt"*, sagt man, *"und nichts ist passiert"*. So, ist denn wirklich nichts passiert? (Auf den Hinweis, daß die gleichen Seher auch den Ersten wie auch den Zweiten Weltkrieg treffsicher vorausgesehen hatten, tritt meist betretenes Schweigen ein. Hauptsache, das Unangenehme ist erfolgreich verdrängt).

Warum schon wieder ein neues Buch zu dieser Thematik? Erneute Bestätigung für sogenannte 'Schwarzseher' oder 'Weltuntergangsapostel'? Ist es jetzt endlich soweit oder was?

Nun, daß es zahlreiche Bücher diesen Themas gibt ist sicherlich nicht zu leugnen, vor allem an Zusammenfassungen und Auflistungen der verschiedenen Seher mangelt es nicht. Doch was wird durch diese beim Leser bisher ausgelöst? Ist es denn nicht in den meisten Fällen Angst, Unsicherheit und Panik vor der Zukunft? Dadurch entstandene Depressionen, Isolation, Opferverhalten und falsche Demut? Der Drang zum Auswandern und Nahrungsmittelhorten? Ist es der Sinn und Zweck der Visionen, dies beim Leser hervorzurufen? Sich vom Leben zurückzuziehen? Kann ich mir ehrlich gesagt kaum vorstellen. Dann würden die Seherschauungen alles nur verschlimmern. Was sollten denn diese Visionen ursprünglich beim Menschen bewirken? Eine Aussortierung? Eine Elitebildung von Auserlesenen? Was steckt dahinter?

Welches Buch über Seherschauungen zeigt dem Leser nach der Präsentation der umwälzenden Ereignisse, die die Seher in ihren Visionen erblickt haben, auch einen Ausweg für den Einzelnen? Ich meine keine neue Leitfigur (Jesusersatz) oder Guru. Keine äußeren Hilfsmittel, wie Auswandern oder unterirdische Städte, sondern einen die Ursache angehenden Aus-Weg. Und vor allem einen einfach verständlichen und gleichzeitig praktisch anwendbaren Weg. Oder brauchen wir überhaupt einen Ausweg? Gibt es überhaupt etwas, vor dem wir weglaufen müssen, oder sollten wir nicht vielleicht das Gegenteil tun? Sollten wir es nicht vielleicht sogar forcieren und beschleunigen? Was sagen die Visionen über die Zeit 'danach'? Ist denn nicht vielleicht etwas vorausgesagt, wofür es sich zu hoffen, ja vielleicht auch zu kämpfen lohnt?...

UNTERNEHMEN ALDEBARAN

Jan van Helsing

ISBN 3-89478-220-X
44,80 DM

ALDEBARAN-Versand
50670 Köln – Weißenburgstr. 10 a
Telefon 02 21 - 737 000
Telefax 02 21 - 737 001

Wer fliegt tatsächlich die fliegenden Untertassen?
Das Allgäuer Ehepaar Karin und Reiner Feistle behauptet, schon seit seiner Kindheit von Außerirdischen besucht worden zu sein. Beide waren bis vor ein paar Jahren fest der Überzeugung, daß ihr „Fall" einer von vielen sei, wie sie nun langsam immer mehr an die Öffentlichkeit dringen, bei denen nachts Menschen von kleinen grauen Wesen mit großen Köpfen „entführt" werden und sich irgendwelchen „Untersuchungen" ausgesetzt finden.

Doch das änderte sich schlagartig, als Reiner Feistle zum ersten Mal den Kommandanten des Raumschiffes, auf das ihn die kleinen ‚Grauen' gebracht hatten, zu Gesicht bekam – er war zwei Meter zwanzig groß, hatte blaue Augen, lange dunkle Haare und sprach deutsch (im Gegensatz zu den ‚Grauen', die sich telephatisch mit ihm verständigten).

Das ganze Szenarium der ‚Grauen' entpuppte sich als ein großes Tarnmanöver für die großen Besucher aus dem Sonnensystem Aldebaran, die der Menschheit auf der Erde in der kommenden schwierigen Zeit des Umbruchs hilfreich zur Seite stehen, jedoch noch nicht persönlich in Erscheinung treten wollen, da die Mehrzahl der Menschen momentan noch dazu neigen, sie zu ‚Engeln' oder ‚Göttern' zu erklären und dazu tendieren, diesen ihre Verantwortung zu übertragen.

Doch Karin und Reiner Feistle sind nicht die ersten Deutschen, mit denen die Aldebaraner Kontakt aufgenommen haben.

Unglaublich meinen Sie?
Nun, vielleicht sind Sie nach der Lektüre dieses Buches anderer Meinung.

DIE INNERE WELT
Das Geheimnis der Schwarzen Sonne

Ein Roman von Jan Udo Holey
alias Jan van Helsing

352 Seiten - 44,90 DM • ISBN 3-9805733-1-1

Aldebaran-Versand
Weißenburgstr. 10 a
50670 Köln
Tel: 0221 – 737 000 • Fax: 0221 – 737 001

Ein mysteriöser Mann betritt eine esoterische Buchhandlung und erzählt dem Inhaber eine haarsträubende Geschichte. Er behauptet unter anderem, daß
- die Erde seit langer Zeit von verschiedenen Außerirdischen besucht wird
- diese Außerirdischen den Deutschen und Amerikanern während des Zweiten Weltkrieges geholfen haben, fliegende Untertassen zu bauen
- die Erdkruste von Tunnelsystemen durchzogen und die Erde selbst hohl und bewohnt ist
- diese verschiedenen dort lebenden Gruppen in absoluter Harmonie mit der Natur existieren und gleichzeitig über eine Technologie verfügen, die der oberirdischen Menschheit um Jahrhunderte voraus ist
- keine streitbaren Oberirdischen in deren unterirdisches Friedensreich, das seit mehr als 30.000 Jahren bestehen soll, eingelassen werden
- friedliche Deutsche Ende des Zweiten Weltkrieges einen Teil dieses innerirdischen Reiches kolonisiert und dort ihr „Goldenes Zeitalter" aufgebaut haben.
- Deutsche und Amerikaner seither mit ihren Flugscheiben den Weltraum bereisen
- das Weltraumprogramm der Amerikaner und Russen nur der Ablenkung vom eigentlichen Geschehen dient, um weiterhin geheim zu halten, daß das Universum so aufgebaut ist, daß Energie jedem Menschen kostenlos zur Verfügung steht.

Ist der geheimnisvolle Informant der Klapsmühle entsprungen oder ist er ein Top-Agent, der Einblick in hochgeheime Dokumente hatte?

"Man darf in Deutschland alles sagen, nur nicht alles."

Die AKTE Jan van Helsing

Eine Dokumentation über das Verbot zweier Bücher im "freiesten Land deutscher Geschichte".

Jan Udo Holey — Amia Deus VERLAG

Wer bisher dachte, es gäbe in der Bundesrepublik speziell im Bereich der Literatur keine Zensur, da in Deutschland jeder seine Meinung frei äußern könne, der kennt sich offenbar nicht aus! Jahr für Jahr werden Buchtitel politischen Inhalts indiziert und der Verkauf verboten, bekommen Buchhändler und Verlage Hausdurchsuchungen, werden Autoren mit Gefängnis bestraft - und die Zahl der Buchverbote in Deutschland steigt weiter!

Bei dem in diesem Buch dokumentierten Fall des jungen Schriftstellers Jan van Helsing handelt es sich dabei um den spektakulärsten Fall der neunziger Jahre - spektakulär deshalb, da seine beiden Bücher mit weit über 100.000 verkauften Exemplaren bereits Bestsellerformat erreicht hatten, bevor sie bundesweit beschlagnahmt wurden.

Haben wir inzwischen Zustände wie in der ehemaligen DDR? Die hier veröffentlichte Anklageschrift gegen Autor und Verleger bezeugt nämlich hanebüchene Rechtszustände und Vorgehensweisen gegen Sachbuchautoren im angeblich "freiesten Land deutscher Geschichte".

Und ähnlich wie Salman Rushdie wurde auch Jan van Helsing bedroht und davor gewarnt, weitere Bücher dieser Art zu veröffentlichen - ja, es wurde sogar sein Tod gefordert. Doch in seinem Fall nicht vom Iran, sondern von Kreisen, von denen Sie es nie erwartet hätten. Unglaublich, meinen Sie?

Seien Sie darauf gespannt, was Sie in diesem Buch erwartet. Verschiedene Parteien (Gutachter, Staatsanwaltschaft, Anwälte, Autor, juristischer Betrachter, u.a.) kommen hier zu Wort und ermöglichen Ihnen dadurch einen neutralen Überblick über die Vorgehensweise im Fall Jan van Helsing. Es wird Ihren Glauben in unsere Rechtsstaatlichkeit erschüttern und sicherlich zu einer neuen Beurteilung der Meinungsfreiheit in der Bundesrepublik bewegen!

ISBN 3-9805733-9-7   44,80 DM

im Buchhandel oder bei ALDEBARAN-Versand/Vertrieb, siehe oben

JESUS 2000
das Friedensreich naht

Hannes Holey

15 x 21,7 cm
geb.; 440 S.; 49,80 DM;

ISBN 3-9805733-0-3

ALDEBARAN-Versand
50670 Köln
Weißenburgstr. 10 a
Telefon 02 21 - 737 000
Telefax 02 21 - 737 001

Rechtzeitig zur Zeitenwende:
Das christlich-esoterische Erkenntnisbuch

Jesu geniale Lehre, die er zu uns Beginn des Fische-Äons brachte, wurde von den Kirchen so manipuliert, daß wir heute eine fast gottlose Welt kurz vor ihrem Kollaps haben.

Jetzt zu Beginn des Wassermann-Äons geht mit dem Orbit unseres Sonnensystems auch die Menschheit einem einmaligen Bewußtseins-Sprung entgegen und benötigt dringend ein überzeugendes, modern interpretiertes Bild der Schöpfung und unseres Lebens.

Dieses Buch, als intensive Analyse des Vergangenen, zeigt zusammengefaßt von der Gnostik/Esoterik des Altertums über die vielen Neuen Offenbarungen und solcher kosmischer Zivilisationen auf, was wir zu unserer Bewußtseins-Entfaltung grundlegend verändern müssen.

Es ist auch ein Buch für jeden suchenden Christen.

Bis zum Jahr 2012 - Hannes Holey

Planet und Menschheit stehen heute am Beginn eines neuen Zeitalters, dem Wassermann-Zeitalter. Damit wird zugleich der Beginn einer neuen, höheren Schöpfung eingeleitet. Einer Schöpfung auf der Basis einer höheren Schwingungsfrequenz und der dabei entstehende Prozeß der Transformation ist bereits voll im Gange. Diese Schwingungserhöhungen werden in den Jahren bis 2012 stetig ansteigen und die Geschwindigkeit des Ablaufs der Umwandlung wird weiter rapide zunehmen.

Dieses Buch klärt auf
- Warum trafen viele Prophezeiungen bisher nicht ein?
- Was könnte aber davon bis 2012 doch noch auf uns zukommen?
- Was können wir und die Menschheit dabei noch verbessernd beeinflussen?
- Ist ein neues Verständnis entstanden für traditionelle Prophezeiungen und top-aktuelle Channelings?
- Der Planet Erde, einer von 383 Seelen-Schulungsplaneten in unserem Universum, hält den Dichterekord (den höchsten Grad der materiellen Dichte) und wird bis 2012 einen Bewußtseins-Doppelsprung durch die vierte in die fünfte Dimension bewältigen,
- dabei stehen der Menschheit neues kosmisches und göttliches Licht an dieser Multi-Schnittstelle kosmischer Zyklen-Enden zur Verfügung und
- das Wissen, das wir dafür benötigen, trägt jeder in sich. Die Wege des Frei-werdens desselben werden im Buch vielfältig aufgezeigt,
- wodurch auch der moderne Verstandesmensch zu seiner persönlichen ‚Rettung' und der der Menschheit selbst-bewußt beitragen kann.
- Praktische Anleitungen führen in eine neue spirituelle Lebensweise.

"Jeder, der dieses zusammenfassende Buch gelesen hat, kann sich an die achtzig Werke anderer Autoren und etwa gleichviele Berichte alternativer Forscher zur gleichen Thematik sparen. Und für jeden, der dieses aufklärende Buch gelesen hat, wird verständlich sein, was sich bei seinem Aufstieg in den höheren Schwingungsbereich vollziehen wird in seinem Leben und in seiner Zukunft und in welcher Form er mitwirken kann und muß, damit die kommenden Ereignisse anstelle von Ängsten Grund zur Lebensfreude bieten werden."

Jan Udo Holey alias Jan van Helsing

ISBN 3-9805733-7-0   39,70 DM

DAS ENDE DER ENDZEIT

Anleitung zur Göttlichkeit

Udo Brückmann

ISBN 3-9805733-8-9
416 Seiten • 44,90 DM

ALDEBARAN-Versand
50670 Köln – Weißenburgstr. 10 a
Telefon 02 21 - 737 000
Telefax 02 21 - 737 001

Unser Planet steht kurz vor dem Kollaps, die Ressourcen sind ausgebeutet, Umweltkatastrophen nehmen drastisch zu. Die Zerstörung unserer Lebensgrundlage schreitet in einem nie dagewesenen Tempo voran.

Wirtschaftliche, politische und religiöse Systeme versinken in einer allgemeinen Orientierungs- und Gottlosigkeit ohne verbindliche Werte. Weltkriegs- und Untergangsstimmung? Die prophezeite Endzeit?

Halt! Es ist noch nicht zu spät! Dieses Buch verknüpft Themen miteinander, die einer breiten Öffentlichkeit vorenthalten werden; Themen, die wirklich von Interesse sind, um durch ein neues Bewußtsein eine neue Realität zu schaffen. Dabei ist die Eigenverantwortlichkeit und das geistige Potential eines jeden Menschen in den Mittelpunkt gerückt. „Das Ende der Endzeit" ist nicht irgendein Buch, es ist der hoffnungsvolle Aufbruch in eine universale, licht- und liebevolle Zukunft. Möge es all die Menschen in Resonanz erreichen, die positive Veränderungen für sich und alle anderen Mitgeschöpfe bewirken wollen.

Jan Udo Holey alias 'Jan van Helsing'

Ein Roman für außerirdische Kinder und ihre Eltern

DIE STERNENLOGE

Karin Feistle

Paperback – 176 Seiten – 29,00 DM

Die Erde ist nicht der einzige besiedelte Planet dieses Universums. Der irdische Mensch ist nur eine von unzähligen Lebensformen, die den Weltenraum bevölkern und zählt offenbar mit zu den noch am wenigsten entwickelten. Andere Lebensformen sind uns um Jahrtausende voraus und viele versuchen auf mehr oder weniger liebevolle und unmanipulative Weise in die Bewußtseinsentwicklung auf der Erde einzuwirken.

Manuel, ein kleiner Junge, wird von Geburt an von solchen Wesenheiten kontaktiert, durch sein Leben begleitet und geführt, und erkennt über die Jahre hinweg die wunderbare Aufgabe, den Menschen die kosmischen Botschaften dieser Außerirdischen mitzuteilen. Aber sein Lebensweg ist voller Höhen und Tiefen und viel Leid begleitet ihn. Doch der Glaube und die Hoffnung, daß die Menschheit endlich aus ihrem Tiefschlaf erwacht, wird sein innerer Begleiter.

Auf seinem abenteuerlichen Weg lernt er Rassen verschiedenster Planeten kennen, die ihn unterrichten und ihn mit dem harmonischen Leben in ihren eigenen Welten vertraut machen. Doch gibt es offenbar auch noch im Weltenraum destruktive Kräfte, die sich an dem manipulativen Spiel auf der Erde beteiligen. Das Schicksal der Erde hängt an einem seidenen Faden, denn das niedere Bewußtsein der Erdenmenschen läßt einen erbarmungslosen Dritten Weltkrieg entstehen, aus dem nur wenige Menschen lernen. Manuels Weg, zusammen mit den Außerirdischen, wird seine Bestimmung und seine zukünftige Aufgabe. Seine Hoffnung ist die Zukunft der Erde, die Zukunft der neuen Generationen, denn schon in wenigen Jahren werden die Außerirdischen mit ihm und anderen Menschen zurückkehren, um als spirituelle Lehrer zu dienen, den Menschen beim spirituellen Aufstieg zu helfen, und sie auf den Weg des interdimensionalen Geistes zu führen.

ISBN 3-9805733-3-8

DAS MONTAUK PROJEKT

-Experimente mit der Zeit-

Preston Nichols/Peter Moon

ISBN 3-89539-269-3
206 Seiten - 30,00 DM

**Aldebaran-Versand
Weißenburg 10 a
50670 Köln
Tel: 0221 – 737 000 • Fax: 0221 – 737 001**

Das „Montauk Projekt" deckt das erstaunlichste und am strengsten geheimgehaltene Forschungsprojekt der Geschichte auf. Es begann während des II. Weltkriegs mit dem „Philadelphia Experiment", bei dem die U.S. Navy mit der damaligen Elite der Wissenschaft (Nikola Tesla, Albert Einstein) Versuche durchführte, das Kriegsschiff „USS Eldridge" für feindliches Radar unsichtbar zu machen. Das Projekt wurde unterbrochen, nachdem es am 12. August 1943 zu einer kompletten Teleportation des Schiffes und seiner Besatzung gekommen war.

Das „Montauk-Projekt" verbindet die Modalitäten der modernen Wissenschaft mit den höchsten esoterischen Techniken und katapultiert uns letztendlich über die Schwelle des Universums und unseres Bewußtseins hinaus. Wir alle wissen, daß „da draußen" irgend etwas ist, doch wir wissen nicht genau was. Dieses Buch liefert nicht zuletzt ein paar handfeste Schlüsse darüber.

Zweifellos ist das Thema dieses Buches umstritten. Wir möchten Ihnen daher eine kleine Gebrauchsanweisung mit auf den Weg geben.

Dieses Buch wurde nach bestem Wissen und Gewissen der Autoren geschrieben, und ist daher nicht als Science-Fiction gedacht. Es bleibt jedoch dem Leser, der diese Thematik lieber im Reich der Phantasie belassen möchte, unbenommen, die Geschichte einfach als spannenden Roman zu lesen. Verstehen Sie dieses Buch als eine Einladung, das Phänomen „Zeit" aus einem ganz neuen Blickwinkel zu betrachten.

RÜCKKEHR NACH MONTAUK

Abenteuer mit der Synchronizität

Preston Nichols/Peter Moon

261 Seiten
ISBN 3-89539-272-3 30,00 DM

Aldebaran-Versand
Weißenburg 10 a
50670 Köln
Tel: 0221 – 737 000 • Fax: 0221 – 737 001

„Rückkehr nach Montauk" deckt die okkulten Kräfte auf, die hinter der Wissenschaft und Technologie steckten, die im Montauk-Projekt angewendet wurden. Der Zusammenhang zwischen dem Cameron-Clan und der Entwicklung der amerikanischen Raketenforschung wird aufgedeckt, ebenso die bizarre Geschichte des Transistors und die „Magick" von Aleister Crowley, Jack Parsons und L. Ron Hubbard.

Rückkehr nach Montauk führt die Montauk-Nachforschungen weiter. Preston Nichols öffnet eine Türe für Peter Moon und läßt so eine Vielzahl von unglaublichen Gestalten und neuen Informationen ans Licht. Ein erstaunliches Szenario wird gezeichnet, das weit über den Rahmen des ersten Buches hinausführt.
Das Montauk-Projekt hatte uns das Rätsel aller Rätsel bewußt gemacht. Dieses zweite Buch beschleunigt dessen Erforschung.

Es gibt ein paar Dinge, die Sie über diese Welt wissen sollten...

Wie wir absichtlich verwirrt werden, damit wir nicht mehr wissen, was wir glauben können. Über den Gott des Alten Testamentes und andere Gottesvorstellungen. Die Schwingungen von Geist und Materie. Gibt es kosmische Gesetze und wie können wir sie erfahren? Welche Interessengruppen verhindern bestimmtes Wissen? Wollte John F. Kennedy Informationen über Außerirdische veröffentlichen und wurde er deswegen umgebracht? Werden wir über die Ursachen von Krebs und AIDS belogen? Wurde der Terror der RAF benutzt, um mißliebige Personen zu beseitigen? Wie können wir mit sexuellen Energien verantwortlich umgehen? Steht unser Schicksal in den Sternen oder können wir es selber beeinflussen? Gibt es eine Apokalypse oder eine Umwandlung der Erde? Geheimes Wissen, locker erklärt.

240 Seiten - ISBN 3-9804586-5-2 - 29,80

Über die Veränderungen unserer Welt und ob wir mit Angst oder Vertrauen reagieren können. Was ist Gott? Die Zerstörung von Naturreligionen durch das Christentum. Außerirdische Gruppen, die uns versklaven wollen. Wie wir ihnen in die Hände spielen, indem wir uns unsere Freiheit abkaufen lassen und uns gegenseitig bekämpfen. Wie Geheimlogen für bestimmte Interessen benutzt werden. Warum werden Verschwörungstheorien bekämpft? Wie können Herzkrankheiten und Schlaganfall verhindert werden? Interessantes über Impfungen, Krebs und HIV. Die Gefahr einer atomaren Apokalypse und Verhinderung alternativer Energieformen. Über Raucherentitäten und Drogen, die uns manipulieren. Reinkarnation und Bibelfälschungen. Die Kraft der Gedanken und das Wissen der Alchimisten.

240 Seiten - ISBN 3-933718-00-7 - 29,80

Bignose Media, Worpswede - Internetinfo: www.joconrad.de

Im Buchhandel oder bei ALDEBARAN